总 策 划：金丽红　黎　波

主　　编：黄晓新　程三国　王赛男

绘画作者：童介眉　韩亚洲　刘永凯　徐开云　熊孔成
张南峰　郭小凌　赵希玮　邓邦源　陈小强
王师颉　王惠祥　刘志伟　周　禾　赵　青
王树立　孙　龄　闫　斌　刘毅红　刘　炬
许明康　王时旺　陈昌柱　白云浩　白　明
兰　紫　张国荣　安洪民　刘　洁　刘　忠
杨　云　崔君旺　梁战岩　张　清

译　　者：刘　桢　李　婷　黄文田　张木早

责任编辑：王赛男　张雅琴

助理编辑：王枫婕

北京长江新世纪文化传媒有限公司
www.cjxinshiji.com
出品

青少年彩绘版

史记

全本

卷二·楚汉相争

司马迁 著

长江出版传媒 | 长江文艺出版社

扫码观看名师讲解
《史记》高考篇目

目　录

史记卷七

项羽本纪

扫描二维码
阅读本篇原文

项羽　项梁　范增　刘邦　张良　樊哙　韩信　彭越

项羽本名项籍，下相人，字羽，初起兵时二十四岁。他的叔父叫项梁，项梁的父亲就是楚国将领项燕，被秦国大将王翦[①]所杀。项家世世代代做楚国的将领，被封在项地，所以就姓项。

项羽年少时，学习读书和写字，但没有成功。再学习剑术，还是没有成功。项梁生他的气，项羽便说："学习文字，仅够记个姓名罢了。剑术才对付一人，不值得去学，要学就学习抵抗上万人的本领。"【1】于是项梁就教他学习兵法，稍微学了一点内容，就又不肯再学下去了。项梁曾因受牵连，被栎阳官吏追捕，就请蕲县的狱掾（yuàn）曹咎写信给栎阳的狱掾司马欣，因此这件事才得以了结。项梁杀了人，和项羽到吴中避仇。吴中贤明的士大夫才能都不及项梁。每当吴中有大徭役和丧事，常常由项梁主办。他常常私下用兵法来调度宾客和子弟，借以了解他们的才能。秦始皇出游会稽，渡浙江时，项梁和项羽一起观看。项羽说："他，我可取而代之。"项梁忙捂住他的嘴，说："不要乱说，会灭族的！"项梁因这件事认为项羽是奇才。项羽身高八尺多，力能举鼎，才气过人，即便是吴中的豪门子弟也都很忌惮他。【2】

① 王翦：战国末年秦将，屡建战功，封通武侯。事详见《白起王翦列传》。

項籍
項梁
【1】

秦二世元年（公元前209年）七月，陈涉等人在大泽乡起兵反秦。这年九月，会稽郡守殷通对项梁说：“长江西边都造反了，这是天要秦灭亡的时候。我听说，先发制人，后发则被人所制。我想起兵，请你和桓楚[①]当将领。”当时桓楚逃亡在大泽之中。项梁说：“桓楚逃亡在外，人们都不知道他在哪里，只有项羽知道。”项梁就走出去，让项羽持剑在外面等待。项梁再进去，和郡守坐在一起，说：“请召见项羽，让他领命去召见桓楚。”郡守说：“好。”项梁就招呼项羽进来。一会儿，项梁向项羽使个眼色说：“可以动手了。”于是项羽就拔剑斩掉郡守的头，项梁提着郡守的头颅，挂着郡守的印。郡守的随从大惊，乱作一团，项羽砍杀了百十来人。满郡府的人都被吓得趴在地上，不敢站起。项梁就召集以往所知道的强干官吏，讲明这是要起大事，于是就兴起吴中兵力，派人到各县收集兵员，得到精兵八千人。项梁任命吴中的豪杰分别做校尉、候、司马[②]等职。有一个人没有得到任用，就自己向项梁申述。项梁回答说：“前些时候某人死了，让你办丧事，你没有办成，所以现在不任用你。”众人都心服口服。就这样，项梁当上了会稽郡守，项羽为副将，统领会稽下属各县。

广陵人召平当时为陈胜攻打广陵，没能攻克，听说陈胜已兵败逃跑，秦兵又将要到达，就渡过长江假造陈胜的命令，授予项梁为楚王上柱国[③]。他说：“江东地区已经平定，你

---

① 桓楚：人名，当时吴中奇士，后随项羽征战一生。

② 校尉、候、司马：校尉是地位仅次于将军的军官，候是军中的侦察官，司马是军中的司法官。

③ 上柱国：官名。楚国上卿，相当于相国，多是荣誉爵位。

项籍
【2】

应赶快带兵西进，进攻秦朝。”项梁于是就带精兵八千人渡江西进。此时，风传陈婴已经攻占东阳，便派使者想同他联手西进。陈婴，原是东阳县的书吏，家住县中，平时诚恳谨慎，人们都认为他是忠厚之人。东阳子弟杀死县令，聚集数千人起兵，想选举首领，其中没有合适人选，就推举陈婴。陈婴推说自己才疏学浅，不能胜任，大家就强立陈婴作为他们的首领，一时县里跟随了两万多人。年轻人想拥立陈婴称王，就用青头巾裹头，表明自己是新起的军队。【3】陈婴的母亲对陈婴说：“自从我嫁到你们陈家，就没有听说你的祖先出过显贵人物。现在突然称帝称王，不祥。你不如归属别人麾下，事成还能封侯，事败了也能逃亡，不会被世人指指点点。”于是，陈婴就不敢称王，对他的军队说：“项家世世代代是将军，在楚国很有名位。现在我们要做大事，非得有这等人做大将不可。我们依靠他们这样的名家大族，必定能灭掉秦朝。”大家认为他说得有道理，就顺从他的话，将军队归属项梁。项梁率军渡过淮河，黥（qíng）布①、蒲将军也带兵归属他。军队总数达六七万人，在下邳（pī）驻扎下来。

这个时候，秦嘉②已经拥立景驹为楚王，在彭城东驻扎军队，想阻击项梁军。项梁对他的将士们说：“陈胜率先起事，作战失利，不知去向。现在秦嘉背叛陈胜而拥立景驹，是大逆不道。”于是就派兵进攻秦嘉。秦嘉兵败逃跑，项梁率军追到胡陵。秦嘉回军交战一天，秦嘉战死，其军投降项梁。

---

① 黥布（？—公元前 195 年）：名英布，因坐法黥面，故又称黥布。事详见《黥布列传》。

② 秦嘉：秦末起义将领之一。

【3】

景驹逃走，后来死在梁地。项梁合并了秦嘉的军队，在胡陵驻扎，就要率兵西进。秦将章邯带军到达栗县，项梁派别将朱鸡石、馀樊君率兵和章邯交战。结果馀樊君战死。朱鸡石兵败，逃回胡陵。项梁引兵进入薛县，杀掉朱鸡石。项梁以前派项羽另外攻打襄城，襄城官兵坚守，一时攻不下。等到攻占之后，项羽把他们全部活埋了。他回来报告项梁。项梁听到陈胜确实死了的消息，就召集各路将领到薛县会集议事。这时候，沛公刘邦也已在沛县起兵，赶来参加会议。

范增是居鄛人，年纪已七十岁了，一向在家居住，好出奇妙的计策。赶到薛县劝说项梁道："陈胜失败本来就是注定的。当时秦灭掉六国，楚国是最没有过错的。自从楚怀王被骗入秦，楚国人一直到今天还在怀念着他。所以楚南公当时就说：'楚虽三户，亡秦必楚。'而今陈胜率先起兵，不拥立楚国的后人而自立为王，他的势力就不会长久。现在，您在江东起兵，楚地蜂拥而起的将士都争先恐后归附你，是因为你家世代是楚国的将军，能够重新拥立楚王的后代啊！"项梁认为他的话很对，就从民间找到正为人家牧羊的楚怀王的孙子熊心[①]，拥立他作楚怀王，来顺从民心。【4】陈婴担任楚的上柱国，赐给五县之地，和楚怀王一起定都在盱眙（xū yí）。项梁自封为武信君。

过了几个月，项梁引兵攻打亢父县。援救被章邯围困在东阿（ē）的齐将田荣、司马龙且（jū）[②]，并与二人汇合，

① 熊心（？—公元前206年）：楚怀王熊槐的孙子。公元前299年，楚怀王被秦昭王骗入秦国，最后死在那里。楚人一直怀念他，所以项梁起兵后，在民间找到他的孙子熊心立为楚王，仍称楚怀王，以顺民望。

② 龙且：齐国人，楚国骁将，当时任司马。

楚怀王
【4】

在东阿大败秦军，田荣就率兵回去，驱逐齐王田假，田假逃到楚国。田假的相国田角逃到赵国。田角的弟弟田间原来是齐将，也在赵国不敢回去。田荣就拥立田儋（dān）的儿子市称齐王。项梁击溃了东阿一带的秦军，就追击他们。他多次派使者催促齐国军队，想联合西进。田荣说："楚国杀掉田假，赵国杀掉田角和田间，我们就发兵。"项梁说："田假是友国的国王[1]，困窘时来投奔我，不忍杀他。"赵国也不杀田角、田间来讨好齐国。齐终不肯出兵帮助楚军。项梁派沛公和项羽从另一处攻打城阳，屠灭了全城。又向西进，在濮阳的东边攻破秦军，秦兵收兵退入濮阳城内。沛公、项羽就去攻打定陶。没有攻克定陶，便撤退，向西侵占地盘直到雍丘，大破秦军，杀掉李由[2]。又回军攻打外黄，没能攻克。

项梁从东阿起兵西进，等到达定陶，又一次打败秦军，项羽等人又杀了李由，项梁就更加轻视秦军，表现出骄傲的样子。宋义劝谏项梁："打了胜仗，如果将领骄傲，士兵怠惰，就会失败。现在我军士兵已有点怠惰了，而秦军又一天天增强，我为您担心啊。"项梁不予理睬，就派宋义出使齐国。宋义在半路遇到齐国的使者高陵君显，问道："你是要去会见武信君吧？"显回答说："对呀！"宋义说："我认为武信君一定会失败。你如果慢走就不会死，快去就会遭殃。"【5】秦朝果然是派全部军队增援章邯，进攻楚军，在定陶大败楚军，项梁战死。沛公、项羽离开外黄，进攻陈留，陈留官兵坚守，没能攻克。沛公和项羽商议道："现在项梁的军

---

① 国王：中国古代称诸侯封地为国，一国之长为王。

② 李由：李斯之子，当时为三川郡守。

高陵君
宋义
【5】

队被打垮，士兵们一定害怕。”就会合吕臣[1]，都带兵东撤，吕臣率军驻在彭城的东边，项羽率军驻在彭城的西边，沛公率军驻在砀地。

章邯既已攻破了项梁的军队，认为楚地的军队用不着担心了。渡过黄河进攻赵军，大破赵军。这时，赵歇是赵王，陈馀是将军，张耳是相国，他们都逃进了巨鹿城内。章邯命令王离、涉间率兵围困巨鹿。章邯率军驻在他们南边，修筑甬道来运输粮草。陈馀担任大将，率兵几万人驻扎在巨鹿北边，这就是所说的河北之军。

楚军在定陶被打垮，怀王害怕，就从盱眙迁到彭城。合并项羽、吕臣的军队，亲自率领。封吕臣为司徒[2]，封吕臣的父亲吕青为令尹[3]。让沛公担任砀郡长，加封为武安侯，统领砀郡的军队。

当初，宋义所遇到的齐国使者高陵君显也在楚国军队中，高陵君去拜见楚怀王说：“宋义认为武信君的军队一定会败，过了几天，武信君的军队果然败了。军队还未交战而事先预见其失败的征兆，这可谓是懂得兵法啊！”楚怀王就召见宋义，和他议事而非常赏识他，于是就让宋义担任上将军，项羽封为鲁公，担任次将，范增担任末将，去援救赵国。各路将领都属宋义统领，称他为卿子冠军[4]。行军到安阳，停留

---

① 吕臣：秦末陈胜起义军将领，陈胜失败后，他曾收拾残部，组织“苍头军”，一度收复陈郡，重建张楚政权，并屡次打败秦军，又先后投奔项梁、刘邦。

② 司徒：官名。西周始设，主管国家的土地和人民。这里指主管后勤的军需官。

③ 令尹：官名。楚国的军政大臣。

④ 卿子冠军：“卿子”为敬称；“冠军”谓地位冠于诸将之上。宋义曾为上将，所以称“卿子冠军”。

了四十六天而不继续前进。项羽说："我听说秦军把赵王围困在巨鹿，我们快领军渡河，楚军在外进攻，赵军在里接应，一定能大败秦军。"宋义说："不行。拍击牛身上的牛虻不能消除藏在牛身上的虱子。现在，秦军进攻赵军，打了胜仗军队就会疲惫，我们可趁机进攻；打败了，我们就率兵西进，一定能打败秦朝。所以不如先让秦赵交战。披坚执锐，冲锋陷阵，我不如你；而坐下来筹谋划策，你就不如我了。"于是就在军中命令道："猛如虎，狠如羊，贪如狼，倔强不听调遣的人，一律斩首。"随后派他的儿子宋襄到齐国辅政，亲自送到无盐县，大摆宴席。此时，天寒大雨，士兵多有冻饥。项羽说："现在正该合力进攻秦军，他却久留而不向前。现在年荒民贫，兵士吃芋头、豆子，营中没有存粮，他却大摆酒宴，不率兵渡河去取赵国的粮草，和赵军并力攻打秦军，说什么'趁他们疲惫的机会'。凭秦军的强势，进攻刚建的赵国，其形势必然是大败赵军。赵军失败了，秦军会更强大，有什么疲惫可供利用！并且我军新败，国王坐不安席，把全国的兵力都交属于将军一个人，国家安危，在此一举。而今他竟不体恤士兵而去徇私，这不是国家的栋梁之材。"项羽趁早晨朝见上将军宋义的机会，就在军帐中砍下宋义的头颅，出来向军中发令说；"宋义和齐谋划要反楚，楚怀王暗中令我杀他。"当时，众将都害怕，不敢抗拒，都说："首先拥立楚王的，是将军你家。现在将军你又平定了叛贼。"于是大家拥立项羽暂时代理上将军。项羽派人追逐宋义的儿子，追到齐国把他杀掉了。又派桓楚回去汇报给楚怀王。楚怀王因此就任命项羽为上将军，当阳君黥布、薄将军都隶属项羽。

项羽杀死卿子冠军宋义，威震楚国上下，闻名于诸侯。就派遣黥布、薄将军领将士两万人渡过漳河，援救巨鹿。战事稍有胜利，陈馀又请求援军。项羽就带全军渡过漳河，都凿沉船只，打碎釜甑（zèng），烧掉营舍，携带三天的干粮，来表示士兵要决一死战，没有一点退却之心。【6】于是一到就包围王离军，与秦军多次交战。断绝秦军的甬道，大败秦军，杀死了苏角，俘虏了王离。涉间不向楚军投降，自焚而死。当时，楚军勇冠诸侯，来援救巨鹿的诸侯军有十多处营垒，都不敢出兵作战。等到楚军进攻秦军，诸侯军的将领都站在自己营垒上观看。楚军战士无不以一当十，楚兵呼声动天，诸侯军无不感到人人惊恐。这样打败秦军后，项羽召见各路诸侯将领。各将领进入楚营辕门时，个个跪着前进，不敢抬头观看。项羽从这时起为诸侯的上将军，诸侯都归附他。

章邯在棘原驻军，项羽在漳南驻军，两军相持不战。秦军多次退避，秦二世派人责备章邯。章邯害怕，派长史①司马欣请示。到达咸阳后，在司马门②逗留多日，赵高不接见，对他不信任。司马欣恐惧，返回军队，不敢走原路，赵高果然派人追他，没有追到。司马欣回到军营，向章邯报告说："赵高在朝中作梗，下面的人不可能有所作为。现在如果我们能战胜，赵高必定会嫉妒我们的功劳；如果失败了，就免不了要死，希望你仔细考虑目前这种情况。"陈馀也向章邯递书说："白起是秦国名将，向南征服楚都鄢郢③。向北坑杀赵国马服君赵括

① 长史：官名，相当今天的秘书长职务。

② 司马门：皇宫的外门。宫墙里面到处有卫士，外门都有司马指挥卫士把守，故称司马门。

③ 鄢郢：战国时楚国国都，按楚国曾建都郢，后迁鄢郢，郢与鄢郢是两个地方。

【6】

大军，攻城略地，不可胜数，最后竟被赐死。蒙恬也是秦国名将，向北驱逐匈奴，开发榆中土地千里，竟在阳周被斩首。为什么呢？功劳太多，秦朝已无法封赏，于是就找借口杀掉他们。而今你做秦军将领已有三年，损失的将士要以十万人计，并且诸侯连连起兵，其势有增无减。赵高那厮平常向上献媚讨好已好长时间了，现在国事危急，也害怕秦二世杀他，因此也想找个借口杀掉你来搪塞责任，找人代替你来为他个人开脱罪责。将军你在外的时间太长了，朝内就多有仇隙，有功劳要被杀，没功劳也要被杀。况且是上天要秦朝灭亡，不论什么样的人都明白这一点。现在你对朝内不能据力直谏，在外又成了亡国之将。孤身一人而想长久容身，岂不是很可悲吗？你为何不倒戈反秦，同诸侯联合攻秦，瓜分土地而称王，面南背北称孤道寡；这与自己送死、妻儿老小被杀相比，哪一样可行呢？”章邯心怀狐疑，暗中派遣军侯始成出使到项羽军中，求订和约。和约没有订成，项羽派薄将军率军日夜在三户津渡河，在漳南驻军，和秦军交战，又一次打败他们。项羽就率全军在汙（wū）水边进攻秦军，大败秦军。

章邯派人拜见项羽，要求订立盟约。项羽召集军官商议道：“我军的粮草不足，想答应他们的盟约。”军官们都说：“好。”项羽就和章邯约定在洹（huán）水南边的殷墟会谈。盟约订成，章邯见到项羽时痛哭流涕，诉说赵高的恶劣行为。【7】项羽就立章邯为雍王，留在楚军中，让长史司马欣做上将军，带领秦军作为前锋队伍。

大军走到新安。诸侯军中的官兵以前曾因服役和驻守边疆路过关中，当时的关中秦兵对待他们很是无礼，等到秦军

章邯
項

投降后，诸侯军的官兵很多人乘机把秦军士当奴隶使唤，随便折磨侮辱他们。秦军士很多暗地里议论："章将军他们欺骗我们投降诸侯，而今如果能入关破秦，就太好了；如果不能，诸侯军带我们向东进，秦朝一定会杀尽我们的妻儿老小。"诸将暗中听到这些议论，就报告项羽。项羽召集黥布、蒲将军商议道："投降的秦军人数还很多，内心不服，如果到关中不听号令，事情就危急了。不如现在诛杀他们，只和章邯、司马欣、都尉董翳[①]他们一道入秦。"于是楚军在夜间把秦军二十多万人坑杀在新安城南边。

项羽即将入关夺取秦朝本土。函谷关有兵把守，不能进入。又听说沛公已经攻破咸阳，项羽大怒，派当阳君等人率兵攻关。项羽于是入关，抵达戏水以西。沛公率军驻在霸上，还没有和项羽会见。沛公军中的左司马曹无伤派人向项羽报信说："沛公想在关中称王，让子婴当丞相，珍宝全部据为己有。"项羽闻报大怒，说："明天犒赏军队，一定要打败沛公的军队。"这时候，项羽有军队四十万人，驻在新丰的鸿门，沛公有军队十万人，驻在霸上。范增也向项羽献计说："沛公在山东时，贪钱财，爱美人。现在入关，财物不取，美人也不要了，可见他志气不小。我让人观看他的云气，都显示出龙虎形状，成五色彩云，这是天子气象啊！应赶快进攻他，不能错过机会。"

楚军左尹项伯[②]是项羽的叔父，一向与留侯张良友好。张

① 都尉董翳：董翳原为章邯部下，曾劝章邯投降项羽。都尉：比将军地位略低的武官名。

② 左尹项伯：项伯名缠，字伯。因屡助刘邦有功，被封为射阳侯，赐姓刘。左尹：楚国官名，令尹的副职。

良这时正跟随沛公，于是项伯深夜奔往沛公军营，私下会见张良，把事情都告诉张良，想叫张良同自己一起走。【8】并说："不要随他去死。"张良说："我是替韩王来送沛公，沛公今天遇到危险，我逃走是不义气的，不能不告诉他一声。"于是张良就进去把此事告知沛公。沛公大惊，说："这怎么办呢？"张良问："是谁给大王出的这个计策？"沛公答道："有个小人给我说：'把住关口，不让诸侯进入，秦国的土地都归大王所有了。'所以我才听从。"张良又问道："估计大王你的兵力能抵住项羽的吗？"沛公沉默了，说："的确不如他，这该怎么办呢？"张良说："那我就去告诉项伯，说沛公不敢背叛项王。"沛公问道："你和项伯有什么交情？"张良说："秦朝时我们交好，项伯杀了人，是我救了他。而今事情危急，因此侥幸来告知我。"沛公说："你们两个谁的年岁大？"张良说："他比我年长。"沛公说："请你把他替我喊来，我以待兄长的礼节接待他。"张良出来邀请项伯。项伯就进去和沛公相见。沛公捧酒向项伯祝福，结为亲家，说："我进关后，丝毫不敢动一草一木，登记官民，封闭府库，等待将军的到来，之所以派兵把守关口，是防备强盗的出入以及其他非常情况。日夜盼望将军到来，怎么敢反叛呢！希望你向项王说明我不敢忘恩负义。"项伯答应，对沛公说："明天不能不早些去向项王请罪。"沛公答道："是。"于是项伯又乘夜离去，回到军中，把沛公的话都报告项羽，并说道："如果不是沛公先攻占关中，你怎么能进来呢？现在人家立了大功，我们却要去进攻他，这是不义。不如趁机好好款待他。"项王答应了。

項伯
【8】

沛公第二天率百余骑来拜见项羽，到达鸿门，道歉说：“我和将军协力攻秦，将军你在河北作战，我在河南作战，然而没有想到我会比你先入关破秦，在这里得以会见将军。现在有小人散布流言，让将军和我之间产生隔阂。”项羽说：“这是你的左司马曹无伤说的胡话，否则，我何至于这样。”项羽当天就留下沛公饮酒。项羽、项伯面向东坐，亚父面向南坐，亚父就是范增。沛公面向北坐，张良面向西侍坐。范增多次向项羽使眼色，多次向项羽举起其所佩的玉玦暗示，项羽都默然不应。范增站起来，出去招呼项庄[①]，对他说：“项王为人不狠心，你进去敬酒，敬完酒，请求舞剑，趁机在座席上杀掉沛公，不然的话，你们都会被他俘虏的。”项庄就进去敬酒，敬完酒后，说：“大王和沛公喝酒，军营中没有什么可以取乐，我请求给你们舞剑。”项羽说：“好。”项庄就拔剑起舞，项伯也跟着拔剑起舞，并常用身子挡住沛公，项庄无法得手。在这时，张良走到军营门口，召见樊哙[②]。【9】樊哙问：“今天的事怎么样了？”张良说：“很危险。现在项庄拔剑而舞，他的意思是要刺杀沛公。”樊哙说：“这很紧迫啊！我请求进去，和他们拼命。”樊哙就执剑拿盾进入军门。守帐的卫士交叉矛戟，不让他进去，樊哙就用他的盾一撞，卫士被撞倒在地，樊哙就进去，掀开帷帐，面向西站着，瞪着眼望着项羽，头发上竖，眼角几乎瞪得开裂了。项羽按住剑柄起身，问道：“来者是谁？”张良说：“是沛公的参

① 项庄：项羽的堂弟。

② 樊哙：沛人。吕后的妹夫。原以屠狗为业，和刘邦一同起兵，屡立战功。后为左丞相，封舞阳侯。事详见《樊郦滕灌列传》。

沛公
項庄
項伯
【9】

乘樊哙。”项羽说：“是条汉子，赐他一杯酒。”左右的人就端上一大杯酒。樊哙拜谢，起身接过酒，一饮而尽。项羽说：“赐他一块猪腿。”左右就送上一条生猪腿。樊哙把盾反扣在地上，把猪腿放在上面，拔剑切开大口吃了起来。项羽说：“壮士，还能喝酒吗？”樊哙说：“我连死都不躲避，难道一杯酒还值得推辞吗？秦王有虎狼般的心肠，杀人唯恐不尽，处罚人唯恐不够，致使天下人都反叛他。当初楚怀王和诸位将领们约定说：‘第一个打败秦军进入咸阳的人，应称王。’而今沛公先行攻破秦军进入咸阳，财物丝毫没有沾，封闭宫室，回军驻在霸上，等待大王的到来。之所以派兵将把守关口，是防备强盗出入和意外变故。如此劳苦功高，不仅没有诸侯的封赏，反而听信小人的谗言，想杀掉有功的人。这是步秦灭亡的后尘，我认为大王是不会这样做的。”项羽无言以对，说：“请坐。”樊哙就在张良边坐下。坐了一会儿，沛公起身去厕所，趁机把樊哙喊出去。

沛公出去后，项羽让都尉陈平①召唤沛公。沛公说：“现在出来，没有告辞，怎么办？”樊哙说：“干大事就不顾小细节，行大礼就不辞让小的指责。如今人家就是屠刀砧板，我们则是鱼肉，还告辞干吗？”就这样他们走了。让张良留下来致谢。张良说：“大王你来时带的什么礼物？”沛公说：“我带来白璧一双，是献给项王的；玉斗一双，是送给亚父的，正碰上他发怒，没敢送献。你替我献吧。”张良说：“好的。”

---

① 陈平（？—公元前178年）：刘邦的重要谋臣。陈胜起义后，他投靠魏王咎，任太仆。后从项羽入关，任都尉。不久归汉，辅佐刘邦统一天下。汉初封曲逆侯，历任惠帝、吕后、文帝时丞相。事详见《陈丞相世家》。

当时，项羽驻军在鸿门，沛公驻军在霸上，两处相距四十里远。沛公就放弃车马，脱身独自骑马。樊哙、夏侯婴、靳强、纪信四人持剑执盾，随后快步跟随，从骊山下，抄芷阳的小路走。沛公对张良说："从这条路回到我军中，不过二十多里。估计我到达军中时，你再进去。"沛公走后，从小路回到军中，张良进去拜谢，说："沛公不胜酒力，不能亲自来辞别，嘱咐我捧上一双白璧，敬献大王足下，一双玉斗，敬献大将军足下。"项羽问："沛公在哪？"张良说："听说大王有意责备他，他脱身独自走了，已经回到军营了。"项羽便接了白璧，放在座席上。亚父接过玉斗，扔在地上，拔剑砍碎，说："唉！这小子不能共谋大事。夺取项王天下的，一定是沛公，我们都将被他俘虏了。"沛公回到军中，立即把曹无伤杀了。

过了几天，项羽率兵洗劫了咸阳，杀了秦朝的降王子婴，放火烧毁秦朝宫室，大火三月没灭；收集财宝、妇女带回东部。有人向项羽献计说："关中依恃山河，四面有要塞①，土地丰饶，可以建都称霸。"项羽看到秦的宫室已被烧残焚破，心中又思念家乡，想东归，说："富贵了不回故乡，好像穿着锦衣夜间行走，谁能看到呢！"说客说："人们都说楚国人是猴子戴人帽，果真不假。"项羽听说后，就把那个说客烹杀了。

项羽派人回报楚怀王，楚怀王说："按先前的约定办。"项羽于是尊称怀王为义帝。项羽想自立为王，就先分封诸将相称王。他对大家说："天下初起事时，都是暂时拥立诸侯

---

① 四塞：指东面的函谷关，南面的武关，西面的散关，北面的萧关。

的后裔以便于讨伐秦国。然而亲自披坚执锐领兵起事，风餐露宿三年，灭掉秦朝平定天下，都是诸位将军和我的功劳，义帝虽然没有功劳，仍应分给他土地称王。”将领们都说：“好。”于是就分封天下，封立各将领称王。项羽、范增怀疑沛公要称王天下，虽已和解，但忌讳违约，害怕诸侯背叛自己，就暗中商议道：“巴、蜀两郡道途险恶，秦朝流放的人也都在蜀地。”于是说：“巴、蜀也是关中的地盘。”因此，封立沛公为汉王，领辖巴、蜀、汉中，建都南郑，将关中分割为雍、塞、翟三个诸侯国，封秦朝的降将为王，借以阻挡沛公。项王封章邯为雍王，领辖咸阳以西的土地，建都废丘；长史司马欣本为栎阳的狱吏，曾有恩于项梁；都尉董翳，是劝章邯降楚的。所以就封司马欣为塞王，领辖咸阳以东到黄河地区，建都栎阳；封董翳为翟王，领辖上郡，建都高奴；改封魏王豹[①]为西魏王，领辖河东郡，建都平阳。瑕丘的申阳是张耳的宠臣，首先攻克河南，在黄河边迎接楚军，所以封申阳为河南王，建都洛阳；韩王成仍辖故都，建都阳翟。赵军将军司马印平定河内地区[②]，数次立功，所以司马印为殷王，领辖河内郡，建都朝歌。改封赵王歇为代王。赵国丞相张耳平时很有才华，又随从项羽入关，所以封张耳为常山王，领辖赵国地盘，建都襄国。当阳君黥布是楚军将领，经常作为先锋，所以封黥布为九江王，建都六县。鄱君吴芮率许多少数民族帮助诸侯，又随从入关，所以封吴芮为衡山

① 魏王豹：魏王咎之弟。陈胜立魏公子宁陵君咎为魏王，魏咎被章邯战败自杀后，怀不使其弟复定梁地，立为魏王。项羽想自己在梁、魏称王，故迁豹为西魏王。事详见《魏豹彭越列传》。

② 河内：中国古以黄河以北地区为河内。后在此设立河内郡。

王，建都郴县。义帝的柱国共敖率军攻打南郡，功劳多，所以封共敖为临江王，建都江陵。改封燕王韩广为辽东王。燕国将领臧荼随楚救赵国，又随从入关，所以封臧荼为燕王，建都蓟。改封齐王田市为胶东王。齐国将领田都随从共同救援赵国，又因随从入关，所以封田都为齐王，建都临菑。从前秦国所灭的齐王建的孙子田安，项羽刚渡河援救赵国，田安就攻克了济北几座城，带其军队投靠项羽，所以封田安为济北王，建都博阳。田荣多次背弃项梁，又不愿率兵随楚进攻秦朝，因此不予封赏。成安君陈馀丢弃将印离去，又没有一起入关，然而一向知道他有贤能，对赵国有功劳，听说他在南皮，所以把南皮周围三县土地封给他。番君将领梅鋗功劳多，所以封为十万户侯。项王自立为西楚霸王①，领辖九郡，建都彭城。

汉元年（公元前 206 年）四月，诸侯在项羽领导下罢军，各自赴封国。项羽出关赴封国，派人迁徙义帝，说："古代皇帝辖地千里，必定建都在上游。"于是派人把义帝迁到长沙郡郴（chēn）县。他们催促义帝动身，义帝的大臣们渐渐地叛离了他，项羽就暗中命令衡山王吴芮、临江王共敖把义帝杀死在江中。韩王成没有军功，项羽不让他回国，带他一起来到彭城，废他为侯，后又杀死了他。臧荼赴封国，就驱赶韩广到辽东去，韩广没有听从，臧荼就在无终把韩广杀了，并且侵占了他的封地。

田荣听到项羽改封齐王田市为胶东王，而封齐将田都为

① 西楚霸王：古代楚国有南楚、东楚、西楚之分。项羽建都的彭城，地处西楚，所以自称"西楚霸王"。

齐王，大怒，不愿送田市到胶东去，趁势以齐反楚，迎击田都。田都逃到楚国。田市畏惧项羽，就逃到胶东封国赴任。田荣大怒，追到即墨把田市杀掉。田荣于是就自立为齐王，并向西进攻杀死济北王田安，合并领辖三齐领土。田荣给彭越①送去将军印，命令他反击梁地。陈馀暗中派张同、夏说游说齐王田荣道："项羽统治天下，是不公平的。现在尽把原来的诸侯王封到坏地方，而把他的群臣诸将封到好地方。驱赶此地故主赵王，让他北居代地。我认为是不可以的。听到大王你起兵，并且不听从项羽的命令，希望你资助我兵力，请让我进攻常山，来恢复赵国，赵国可作为你的屏障。"齐王田荣同意他的意见，就派兵到赵国去。陈馀发动三县的兵力，和齐兵并力进攻常山，大败常山军。张耳逃回汉国。陈馀到代地接回原来的赵王歇，返回到赵国。赵王因此封陈馀为代王。

这时，汉王已回军平定三秦。项羽听说汉王已合并了关中地区，而且挥师东进，齐国和赵国又举行反叛，大怒。于是就任用吴县令郑昌为韩王，来抵挡汉军。派萧公角等人攻打彭越。彭越打败了萧公角等人。汉王派张良招抚韩地，就给项羽去信说："汉王没得到应得的封职，想占据关中，一到盟约所约定的边界上，就停止用武力，不敢东进。"又把齐国、梁国的反书给项羽说："齐国想和赵国并力灭掉楚国。"项羽因此就取消西进的打算，而是北上进攻齐国。项羽向九江王黥布征兵，黥布称病不去，派手下将领带几千人前往。项羽因此对黥布也心怀怨恨。汉二年（公元前 205 年）冬天，

① 彭越：陈胜起义后，起兵响应，依附刘邦。汉初被封为梁王，后被刘邦所杀。事详见《魏豹彭越列传》。

项羽率军北上至城阳，田荣也率兵至此作战。结果田荣失败，逃往平原郡，被当地居民杀死。项羽于是向北进击，烧毁、夷平齐国的城市房屋，并把田荣的降兵全部活埋，掠走了齐国的老弱妇女。追击齐军到北海[1]附近，齐人多遭到残杀。齐国人民聚集反叛他。田荣的弟弟田横这时收集齐军逃兵，纠合数万人，在城阳叛乱，项羽因此停下留在此地，多次进攻，没能攻克他们。

春天，汉王统率五个诸侯国的兵力，共有五十六万人，向东进攻楚国。项羽听到后，就命令手下将领进攻齐国，而且自己率精兵三万南下，从鲁县出发到胡陵。四月间，汉军都已攻入彭城，夺取城里的财宝美人，天天置酒聚会。项羽从西边的萧县迂回，早晨向东进攻汉军，直打到彭城，正午时分，大败汉军。汉军全军溃败逃亡，接连掉入穀（gǔ）水、泗水，被杀的汉兵达十多万人。汉兵都向南边的山区逃窜，楚军追杀汉兵直到灵璧县东的睢（suī）水边。汉军退却，被楚军逼迫，伤亡惨重，十多万汉兵都被挤入睢水中，睢水被阻，竟不能流淌。汉王被楚军重重包围。这时从西北方刮来一阵大风，吹得树倒房塌，飞沙走石，天昏地暗，向楚军迎面吹来。楚军大乱，溃不成军，汉王才得此机会带几十名骑兵逃走。汉王想经过沛县，举家西逃；楚军也派人追到沛县，捉拿汉王的家眷。汉王的家眷都已逃亡，没能遇到汉王。汉王在半路上遇到孝惠帝和鲁元公主，就带他们一起走。楚军骑兵追逐汉王，汉王着急，把孝惠帝和鲁元公主推下车去。

① 北海：古代北方僻远地域的泛称。此处指临菑以东滨渤海一带。

滕公[1]几次下车抱回他们，就这样连续好几次，说："虽然着急，马又不能赶快一些，为什么一定要遗弃他们呢？"【10】终于大家都逃脱了。汉王寻找太公、吕后，但没有找到。审食其（yì jī）跟着太公、吕后从小路逃走，到处寻找汉王，不料遇上了楚军。楚军把他们捉去，回营报告项羽，项羽就把他们安置在军中。

这时候吕后的哥哥周吕侯吕泽是汉国的大将，率兵守卫下邑，汉王从小路跑去投奔，渐渐地收集逃亡的散兵。汉王到荥阳，各路败军都在此聚会，萧何[2]也发动关中不符合兵役条件的老少来到荥阳，汉军的声势才又一次大振。楚军从彭城出发，经常乘胜追逐汉军，与汉军在荥阳以南的京邑、索亭之间作战，汉军打败了楚军，所以楚军没能攻过荥阳西进。

项羽率军去援救彭城，追逐汉军到荥阳，田横趁机收复齐国，拥立田荣的儿子田广为齐王。汉王在彭城失败后，诸侯王都重新归附楚国，背弃汉国。汉军驻在荥阳，修筑甬道连到黄河，用来运输敖仓[3]的粮食。

汉三年（公元前204年），项羽多次侵略夺取汉军甬道，汉王缺粮，心中恐慌，请求议和，划荥阳以西地区归汉。项羽想接受和约，历阳侯范增说："汉军现在很好对付，如今放弃攻取他们，以后一定会后悔的。"项羽就和范增快速包围荥阳。汉王忧愁，就用陈平的计策离间项羽。项羽的使者

---

① 滕公：夏侯婴，曾为滕县令，故称。当时为太仆，给刘邦驾车。

② 萧何：沛县人。秦末辅佐刘邦起义，对建立汉朝起了重要作用，是汉朝开国名相，封酂（zàn）侯。事详见《萧相国世家》。

③ 敖仓：秦在敖山修建的谷仓。敖山在荥阳北，下临黄河。后泛指粮仓为敖仓。

【10】

来到汉军中，汉王献上丰盛的酒席，正要端上，看见使者，故意惊讶地说："我还以为是亚父的使者呢，怎么是项王的使者。"便更换筵席，用粗劣的饭菜招待项羽的使者。使者回去报告项羽，项羽便疑心范增暗中和汉王勾结，就逐渐剥夺他的权力。范增大怒，说："天下大事已定，君王你好自为之，希望能让我这把老骨头回归故乡。"项羽准许，范增启程，还没走到彭城，就因背上毒疮发作而死了。

汉将纪信劝汉王说："形势危急，就让我假扮你欺骗楚军，你可以趁机逃走。"于是汉王就夜间派披甲戴盔的两千女子从荥阳的东门出去，楚军四面围攻。纪信乘坐黄屋车①，车左边佩带装饰，说："城中没有粮食了，汉王投降。"楚军高呼万岁。汉王率几十名骑兵从城西门逃出，跑到成皋。项羽见到纪信，问道："汉王在哪？"纪信回答说："汉王已经逃脱了。"项羽就把纪信烧死了。

汉王派御史大夫②周苛、枞（cōng）公、魏豹守卫荥阳。周苛、枞公商议说："魏豹这样背叛之国的王，难于和他共同守城。"于是就联手除掉魏豹。楚军攻克荥阳城，活捉周苛。项羽对周苛说："投降我，做我的大将，我封你为上将军，领辖三万户。"周苛骂道："你还不赶快投降汉王，汉王就要俘虏你了，你哪里是汉王的对手。"项羽大怒，把周苛烹杀，并杀了枞公。

---

① 黄屋车：天子乘坐的车，用黄绸作篷。

② 御史大夫：官名。秦、汉时代的御史大夫地位仅次于丞相，号称"副相"，主管监督、执法，兼管重要文书典籍。

汉王逃出荥阳后，向南逃到宛、叶两县，收服九江王黥布，边走边收兵。重新进成皋把守。汉四年（公元前 203 年），项羽率军包围成皋。汉王逃走，单独和滕公从成皋北门逃出，渡过河跑到修武，投奔张耳、韩信[①]军中。诸将领也渐从成皋逃出，跟随汉王。楚军就攻下成皋，想举兵西进。汉王派军队在巩县阻拦，让他们不能西行一步。

这时，彭越率军渡河进攻楚城东阿，杀掉了楚军将领薛公。项羽就亲自带兵往东进攻彭越。汉王取得淮阴侯的军队，想渡河南下。郑忠劝说汉王，汉王才停军驻在河内。派刘贾[②]率军援助彭越，烧毁楚军的粮草。项羽东进打败了他们，彭越逃走。汉王就率军渡河，再次夺取成皋，驻军在广武吃敖仓的粮食。项羽平定东方回来，挥师西进，与汉军都在广武驻军，对峙了几个月。

正当这时，彭越几次在梁地反叛，截断了楚军的粮食供应，项羽为此担忧，就造一张高几案，把太公放在上面，对汉王说：“现在如果你不快些投降，我就把太公烹杀。”汉王说：“我和项羽你一起面向北接受怀王的命令，结盟说‘结为兄弟’。我父亲也就是你父亲，如果你一定要煮你父亲，那就分给我一杯肉羹。”【11】项羽大怒，想要杀太公。项伯劝阻道：“天下的事是不可预料的，况且争夺天下的人是不会顾及家眷的，虽杀了太公也没有好处，只是多添麻烦罢了。”项羽听从了他的劝说。

楚汉两军对峙很久，胜负不决，年轻壮丁苦于长期作战，

---

① 韩信（？—公元前 196 年）：汉初著名军事家。事详见《淮阴侯列传》。

② 刘贾：刘邦的堂兄，后封为荆王。

【11】
項

老弱之兵疲于后勤运输。项羽对汉王说："天下大乱多年了，都只是因为你我二人罢了，希望和你作战决一胜负，不要再劳苦天下老少百姓了。"汉王笑着拒绝道："我宁可斗智，不愿斗力。"项羽派壮士出去挑战。汉军中有个擅长骑马射箭的人楼烦，楚军几次挑战，楼烦都把他们射死了。项羽大怒，就亲自披甲持戟向汉军挑战。楼烦将要射他，项羽怒目而视，大声呵斥，楼烦不敢睁眼看，手不敢发箭，于是就逃回军营，不敢再出来。汉王让人暗中打听，知道挑战的是项羽。汉王大惊，于是项羽就凑近汉王，隔广武涧相互对话。汉王数落项羽的罪行，项羽大怒，要求决一死战。汉王不听，项羽埋伏的弓箭手射中汉王。汉王受伤，逃进成皋城内。

项羽听说淮阴侯韩信已平定河北，大败齐国、赵国，并且要进攻楚国，就派龙且前往阻击。淮阴侯和龙且交战，骑将灌婴①率部进攻，大败楚军，杀死龙且。韩信于是自立为齐王。项羽听到龙且军败，就害怕了，派盱眙人武涉前去游说淮阴侯。淮阴侯没有理睬。这时，彭越再次造反，占领梁地，断绝楚军粮草供应。项羽于是对海春侯大司马曹咎等人说："严加看守成皋，如果汉军挑战，千万不要和他们交战，能阻住他们东进就够了。我在十五天之内必定杀掉彭越，平定梁地，再来和你们会合。"就向东进军，攻打陈留、外黄。

外黄一时没有攻克，过了几天，外黄人才投降，项羽大怒，下令把十五岁以上的男子全部集合在城东边，要活埋他

① 灌婴（？—公元前 176 年）：刘邦的得力将领，绸贩出身，跟随刘邦起兵，屡建奇功，汉初封颍阴侯。后与陈平、周勃诛灭诸吕，拥立文帝，不久任丞相。事详见《樊郦滕灌列传》。

们。外黄县令有个家臣的儿子，十三岁，前去劝阻项羽说：“彭越强行劫持外黄，外黄人害怕，所以才暂时投降他，等大王的到来。而大王来到，又要活埋外黄民众，百姓们怎么会有归附之心呢？从这往东，梁地还有十多个城镇都会害怕，就不愿向你投降了。”项羽认为他说的有理，就赦免了要活埋的外黄民众。外黄以东直到睢阳，其间的人听到这件事后，争着投降项羽。

项羽走后，汉军果然向楚军挑战，楚军不出战。汉王派人侮辱楚军，五六天后，大司马发怒，率军渡汜（sì）水，进攻汉军。将士们刚渡过一半，汉军趁机攻打，大败楚军，掠夺了楚国的全部财宝货物。大司马曹咎、长史董翳、塞王司马欣都自杀在汜水边。大司马曹咎，是原来蕲县的狱掾，长史司马欣也是原来栎阳的狱掾，两人曾有恩于项梁，所以项羽信任他们。当时，项羽在睢阳，听说海春侯兵败，就率军回来。汉军已在荥阳东边包围了钟离眛（mèi），项羽一到，汉军害怕楚军，全部逃到险要地区。

这时，汉军士气旺盛，粮草丰余，项羽兵疲粮绝。汉王派陆贾[①]游说项羽，请求送回太公，项羽不答应。汉王又派侯公前去游说项王，项羽才和汉王订约，平分天下，分割鸿沟[②]以西的地方为汉国，鸿沟以东为楚国。项羽同意了，就送回了汉王的父母妻儿。汉军都高呼万岁，汉王就封侯公为平国君，但自己隐避起来，不肯再见他。汉王说：“这人是天下的有名说

---

① 陆贾：汉王的辩士，后官至太中大夫。事详见《郦生陆贾列传》。

② 鸿沟：古运河名，在今河南省荥阳市，楚汉相争划鸿沟为界，人们常以此比喻界限分明。

客，所到之处国家就要倾覆，所以封他为平国君。”项羽签订和约后，就率军东归回国。

汉王要西归回国，张良、陈平献计说：“汉已有大半个天下，并且诸侯都附顺。楚军兵疲粮绝，这是天要楚灭亡的时候，不如趁此机会直接夺取楚地。而今放过机会不去进攻他，这就是‘养虎给自己留下后患’啊。”汉王听从了他们的意见。汉五年（公元前202年），汉王追击项羽到达阳夏南边，停止进军，和淮阴侯韩信、建成侯彭越约定合力进攻楚军。等到达固陵，可韩信、彭越却没有按期前来。楚军进攻汉军，大败汉军。汉王又回入营垒，深挖壕沟进行防守。对张良说：“诸侯们不遵守约定，该怎么办？”张良回答说：“楚军溃败指日可待，而韩信、彭越还没有分封土地，他们必然会不来。君王你如果能和他们共分天下，现在就可以立即把他们招来。如果不能，事情就不好说了。君王你能把自陈地以东到海边，全部封给韩信；睢阳以北直到穀城，封给彭越，让他们各为自身利益出战，那么楚国就很容易打败了。”汉王称赞道：“好。”于是就派使臣告诉韩信、彭越说：“大家合力攻楚。楚国失败后，自陈以东直到海边的领地归齐王所有，睢阳以北到穀城的领地归彭相国所有。”使者一到，韩信、彭越都回报说：“现在就请出兵。”韩信于是从齐出发前去，刘贾率军从寿春会合同行，屠灭城父，到达垓（gāi）下，大司马周殷反叛楚国，动用舒县的军队屠灭六邑，征发九江王的军队，跟随刘贾、彭越都来到垓下，讨伐项羽。

项羽军队扎营在垓下，兵少粮绝，汉军和诸侯军把他们重重包围。夜间听到四面的汉军都唱起楚歌，项羽就大惊说：

【12】

“汉王已经占据楚国了吗？为什么有这么多楚国人！”【12】项羽就连夜起来，在军帐中喝酒。有位名叫虞姬的美人，常受宠幸而随从；有匹叫骓的骏马，是项羽经常骑坐的。这时项羽就慷慨悲歌，自己作诗吟道：“力拔山兮气盖世，时不利兮骓不逝。骓不逝兮可奈何，虞兮虞兮奈若何！”【13】歌唱了几阕，美人跟着唱。项羽流下数行热泪，左右的随从都痛哭流涕，不忍抬头观看。

这时，项羽就跨上战马，部下的壮士骑马跟随的还有八百多人。乘夜突围南进，飞马奔驰。天亮后，汉军才发现，汉王命令骑将灌婴率领五千骑兵追赶。项羽渡过淮河，能跟上来的骑兵仅剩百余人。项羽走到阴陵时，迷失了道路，向一个农夫问路，农夫骗他说：“向左走。”项羽向左走，便陷进了大沼泽中。因此被汉军追上了。项羽又带兵东逃，到东城，只有二十八人随从。汉军骑兵追赶的有数千人。项羽自己估计逃不脱了，对他的骑兵说：“我从起兵到今天已经八年了，身经大小战斗七十多次，战无不胜，攻无不克，从没有失败过，才能称霸天下。但是今天却被困在这里，这是天要我灭亡啊，不是作战的错误。今天就决一死战，和各位在一起痛痛快快地打一仗，一定要连打三次胜仗；替诸位破敌围，斩敌将，砍下敌人的大旗，让诸位知道这是天要我亡，不是我打仗不行。”于是就把手下骑兵分成四队，四面进攻。汉军把他重重包围。项羽对他的骑兵说：“看我替你们杀他们一位将领。”命令四队骑兵四向奔驰而下，约定到山东边分三处会合。于是项羽大叫着飞驰而下，汉军全部溃退，立斩汉军一员战将。当时，

【13】

赤泉侯杨喜是骑军大将，率部追赶项羽，项羽瞪眼大声呵斥，赤泉侯人马都被惊吓住，退避几里远。项羽和他的骑兵分三处会合。汉军不知道项羽在哪一处，就兵分三路，再次围住他们。项羽奔驰于汉军中，又斩杀汉军的一个都尉，杀死百十人。再聚拢他的骑兵，只损失两人而已。项羽就向骑兵说："怎么样？"手下骑兵都佩服地说："果然和大王说的一样。"

与此同时，项羽想东渡乌江。乌江亭长[1]调船靠岸等候，对项羽说："江东地方虽小，但也有方圆千里，数十万人民，也足以称王了。希望大王赶快渡江。而今只有我有一船，汉军来到，也没法过江。"项羽大笑道："上天要我灭亡，我还渡江干什么！况且我率领八千名江东弟子渡江西进，现在没有一人同回。即使江东父老怜惜我，尊我为王，我还有什么面目去见他们？就是他们不说什么，我自己难道不感到惭愧吗？"于是对乌江亭长说："我知道你为人厚道。我这匹马骑了五年了，所向无敌，日行千里，不忍心见它被杀，就送给你吧。"就命令骑兵下马步行，持短兵器交战。仅项羽一人就杀了几百名汉军。项羽也身负十多处伤。回头发现汉军骑司马[2]吕马童，说："你不是我的老朋友吗？"吕马童转脸，给王翳指点说："这就是项王。"项羽于是说："我听说汉王为买我的头悬赏千金，封邑万户，我就成全你们吧。"就自刎而死。王翳取下项羽的头颅，其他骑兵相互践踏争抢项

① 亭长：亭是秦汉时乡以下的一种行政机构，十里设一亭，设亭长一人，掌管治安、诉讼等事。

② 骑司马：官名，骑兵将领。一说骑兵中掌管法纪的官员。

羽的躯体，互相践踏残杀了几十人。最后，郎中骑杨喜，骑兵司马吕马童、郎中吕胜、杨武每人得到项羽一残肢，五人一起对合尸体，都合得上。因此把悬赏的封地划成五块：封吕马童为中水侯，封王翳为杜衍侯，封杨喜为赤泉侯，封杨武为吴防侯，封吕胜为涅阳侯。

项羽死后，楚地都投降了汉军，只有鲁地人不投降。汉王就准备率军屠灭他们，因为他们信守礼义，为君主死节，于是就把项羽的头拿给他们看，鲁地人才投降。当初，楚怀王先封项羽为鲁公，等到项羽死后，鲁地又最后才投降，因此就用鲁公的礼仪把项羽葬在穀城。汉王亲自为他发丧，洒泪而去。

项羽的各支宗族，汉王都没杀。又封项伯为射阳侯，桃侯、平皋侯、玄武侯都姓项，汉王就赐他们姓刘。

太史公说：我听周生说过“虞舜眼中有两个瞳孔”，又听说项羽也是眼中有两个瞳孔。项羽难道是舜的后代吗？不然怎么能突然崛起！秦朝的政治腐败，陈胜率先发难，豪杰辈出，互相争权夺利，不可胜数。然而项羽没一点权势，却在平民中起兵，三年间就能统率五诸侯[①]灭亡秦朝，瓜分天下，分封王侯，政策法令都由项羽来发布，号称霸王，王位虽没有善终，却也是近古所没有过的。等到项羽放弃关中，怀恋回归楚国，放逐义帝而自立为王，又埋怨王侯背叛自己，这已经很危险了。自夸战功，逞个人小聪明而不效仿古人，认

① 五诸侯：指齐、赵、韩、魏、燕五国的诸侯军。

为霸王大业要用武力征服、治理才能完成，结果五年时间就丢掉了自己的国家，自己死在东城，还不觉悟自醒，不责己之过，这就大错了。他竟借口是“天要我灭亡，不是我用兵作战发生的错误”。这不荒谬吗！

知识拓展

沐猴而冠

释义：猴子穿衣戴帽，究竟不是真人。比喻虚有其表，形同傀儡。常用来讽刺投靠恶势力窃据权位的人。

出处：《史记·项羽本纪》：“人言楚人沐猴而冠耳，果然。”

杯羹之让

释义：指受人挟持，惹人讥诮。

出处：《史记·项羽本纪》：“当此时，彭越数反梁地，绝楚粮食，项王患之。为高俎，置太公其上，告汉王曰：‘今不急下，吾烹太公。’汉王曰：‘吾与项羽俱北面受命怀王，曰“约为兄弟”，吾翁即若翁，必欲烹而翁，则幸分我一杯羹。’”

知识拓展

搏牛之虻

释义：原意是说主要目标应像击杀牛背上的虻虫一样去灭掉秦国，而不是像消除虮虱那样去与别人打败。后来比喻其志在大而不在小。

出处：《史记·项羽本纪》：“不然。夫搏牛之虻不可以破虮虱。”

不胜杯杓

释义：比喻喝酒太多，已经醉了。

出处：《史记·项羽本纪》：“沛公已去，间至军中，张良入谢，曰：‘沛公不胜杯杓，不能辞。’”

破釜沉舟

释义：项羽与秦兵打仗，领兵过河后就把锅打破，把船凿沉，表示不胜利不生还。后比喻下定决心彻底干一场，不达目的决不罢休。

出处：《史记·项羽本纪》：“项羽乃悉引兵渡河，皆沉船，破釜甑，烧庐舍，持三日粮，以示士卒必死，无一还心。”

冲冠眦裂

释义：形容愤怒到极点。

出处：《史记·项羽本纪》：“哙即带剑拥盾入军门……瞋目视项王，头发上指，目眦尽裂。”

知识拓展

锦衣行昼

释义：富贵了须回归故里。

出处：《史记·项羽本纪》：“（项羽）曰：‘富贵不归故乡，如衣绣夜行，谁知之者！’”

衣锦夜行

释义：夜里穿着锦绣衣服走路。比喻不能在人前显示荣华富贵。

出处：《史记·项羽本纪》：“（项羽）曰：‘富贵不归故乡，如衣绣夜行，谁知之者！’”

弃书捐剑

释义：比喻胸怀大大志的人不屑于小事。

出处：《史记·项羽本纪》：“项籍少时，学书不成，去；学剑，又不成。项梁怒之。籍曰：‘书足以记名姓而已。剑一人敌，不足学，学万人敌。’于是项梁乃教籍兵法。”

取而代之

释义：原指夺取别人的地位而代替他。后泛指某一事物代替另一事物。

出处：《史记·项羽本纪》：“秦始皇帝游会稽，渡浙江，梁与籍俱观。籍曰：‘彼可取而代也。’”

知识拓展

人为刀俎，我为鱼肉

释义：比喻生杀的权掌握在别人手里，自己处在被宰割的地位。

出处：《史记·项羽本纪》：“如今人方为刀俎，我为鱼肉，何辞为。”

四面楚歌

释义：比喻四面受敌，处于孤立危急的困境。

出处：《史记·项羽本纪》：“项王军壁垓下，兵少食尽，汉军及诸侯兵围之数重。夜闻汉军四面皆楚歌，项王乃大惊，曰：‘汉皆已得楚乎？是何楚人之多也！’”

亡秦三户

释义：指不畏强暴，奋起推翻黑暗统治之事。

出处：《史记·项羽本纪》：“夫秦灭六国，楚最无罪。自怀王入秦不反，楚人怜之至今，故楚南公曰‘楚虽三户，亡秦必楚’也。”

无面目见江东父老

释义：以之为羞见故乡人之典实。

出处：《史记·项羽本纪》：“项王笑曰：‘天之亡我，我何渡为！且籍与江东子弟八千人渡江而西，今无一人还，纵江东父兄怜而王我，我何面目见之？’”

知识拓展

项庄舞剑，意在沛公

释义：项庄在席间舞剑，企图刺杀刘邦。比喻说话和行动的真实意图别有所指。

出处：《史记·项羽本纪》："项庄拔剑起舞，项伯亦拔剑起舞，常以身翼蔽沛公，庄不得击。于是张良至军门，见樊哙。樊哙曰：'今日之事何如？'良曰：'甚急。今者项庄拔剑舞，其意常在沛公也。'"

政由己出

释义：政令由一己发出。指把持大权，独断专行。

出处：《史记·项羽本纪》："然羽非有尺寸，乘埶起陇亩之中，三年，遂将五诸侯灭秦，分裂天下，而封王侯，政由羽出，号为'霸王'，位虽不终，近古以来未尝有也。"

彘肩斗酒

释义：形容英雄豪壮之气。

出处：《史记·项羽本纪》："项王曰：'壮士，赐之卮酒。'则与斗卮酒。哙拜谢，起，立而饮之。项王曰：'赐之彘肩。'则与一生彘肩。樊哙覆其盾于地，加彘肩上，拔剑切而啖之。"

作壁上观

释义：多比喻在局外旁观，不表示意见或态度。

出处：《史记·项羽本纪》："及楚击秦，诸将皆从壁上观。"

史记卷八

高祖本纪

扫描二维码
阅读本篇原文

刘邦　项羽　张良　韩信　萧何　彭越　陈平　黥布
郦食其　章邯　宋义　樊哙

高祖刘邦[①]是沛县丰邑中阳里人，姓刘，字季[②]。父亲叫刘太公，母亲叫刘媪[③]，当初刘太婆曾在大泽边休息小睡，梦见与天神相遇交合。这时雷电交加，天昏地暗，太公寻找她赶来时，只见一条蛟龙盘在太婆身上。后来，刘太婆怀了孕，就生下了高祖。

高祖这个人，长着高高的鼻梁，突起的龙额，漂亮的胡须，左腿上有七十二颗黑痣。他生性仁爱，待人宽厚，喜欢施舍，胸襟开阔。一向有自己的远大志向，不肯干平民百姓从事的生产劳动。到了壮年，他尝试着去做官，当了泗水亭亭长，和县衙里的吏役们混得很熟，吏役们无不被他戏弄耍笑。他爱好喝酒，喜欢女色。常到王媪和武负的酒店里赊酒喝。喝醉了就睡倒起不来。王媪和武负常常见他睡着后身上有条龙，感到奇怪。每当高祖来店喝酒，这天卖出的酒总要比平日多好几倍。等到发现了这种种怪现象，年终结账，这两家常将

① 高祖刘邦：刘邦死后，庙号汉太祖。他的子孙和臣下因他功绩高，是汉的始祖，曾上尊号为高皇帝。习惯上称他为高祖。

② 字季：汉高祖最初没有名字。做皇帝之后，才取名“邦”。这里的“季”不是他的字，而是他在兄弟中的排行最末位次。兄弟的排行顺序为伯、仲、叔、季。

③ 太公：对老年男子的尊称。媪：对老年妇女的尊称。刘邦父母的名字已失传，所以用“太公”“媪”相称。

高祖欠的账目勾销。

高祖曾应征到咸阳服劳役。有一次秦始皇出巡，特许百姓夹道观看，他看了感慨地说："啊，大丈夫就应当是这样！"

单父县有个姓吕的人，跟沛县县令[1]很要好，为了躲避仇人，到县令这里做客，后来索性把家也搬到沛县来了。县里的豪绅和官吏们听说县令家来了贵客，都去送礼祝贺。萧何任县衙主吏，管收贺礼。他对来客说："送礼不满千钱的，请坐到堂下。"高祖作亭长，一向瞧不起这班衙役，便有意在名帖上写着"贺礼一万钱"，其实一个钱也没带。名帖递进去，吕公看了大惊，起身到大门口迎接。吕公这人善于给人看相，一见高祖相貌，便十分敬重他，领到堂上去坐。萧何说："刘季向来喜欢吹牛，很少能说到做到。"高祖趁此机会要戏侮一下那班客人，就坐了上座，一点也不谦让。酒宴快结束时，吕公向高祖使眼色，硬要留下他。高祖等散席了，留在后面。吕公说："我年轻时就喜欢给人看相，相过的人很多，没人像你这样有贵相，希望你好自为之。我有个亲生女儿，愿意做你的箕帚之妾[2]。"【14】酒宴结束后，吕老太生气地对吕公说："您以前常想要使女儿与众不同，把她嫁给贵人。沛县县令跟您要好，他要求娶她，您不给，怎么竟稀里糊涂地许给刘季呢？"吕公说："这不是你们女流之辈所能懂得的。"吕公终于把女儿嫁给了刘季。吕公的女儿就是后来的吕后，她生了孝惠皇帝和鲁元公主。

高祖任亭长时，有一次请假回家种田。吕后带着两个孩

---

① 令：汉时县的行政长官大县称"令"，万户以下小县称"长"。

② 箕帚之妾：打扫清洁的女仆。这是愿把女儿嫁给别人的客气话。

【14】

子在田间除草，有个过路的老汉向她讨水喝，她便把水给老汉喝了，同时给老汉一些饭吃。老汉端详着吕后说："夫人是天下的贵人。"吕后又请他给两个孩子看相。老汉看了孝惠帝，说："夫人之所以显贵，就是因为有这个孩子。"再看鲁元公主，也都是贵人之相。老汉走了，高祖正好从邻居家来，吕后一五一十地告诉他，刚才有位老汉，给我们母子看了相，说我们将来都是大贵人。高祖问老汉哪儿去了，吕后说："还没走多远。"高祖便追上去，问那老汉。老汉说："刚才给您夫人和孩子看了相，他们都像您，您的相真是贵不可言了。"高祖就向他道谢说："如果真如您说的那样，我决不会忘记您的恩德。"【15】后来高祖显贵了，竟找不到那老汉的去向了。

高祖当亭长时，喜欢戴竹篾皮编织的帽子，这是他专门派巡捕到薛县去定制来的。他经常戴着这种帽子。到后来显贵了，还常常戴着。这就是后来人们所说的"刘氏冠"。

一次，高祖以亭长的身份为县里押送一批苦役到骊山去，苦役很多在路上逃跑了。高祖估计，等到达骊山，苦役会全都跑光。走到丰邑西面的湖沼地带，他便让大家停下来休息喝酒，到夜晚，把苦役们都给放了，并说："各位都走吧，我也从此逃命去了！"苦役中愿意跟他走的有十多个年轻力壮的汉子。高祖带着酒意，连夜抄小路通过湖沼地，派一个在前面探路。这个人回来报告说："前面有条大蛇挡住了去路，希望能往回走。"高祖醉了，说："好汉走路，怕什么！"便赶上前去，拔出剑来击斩蛇，大蛇于是分为两段，路就通了。又往前走了几里路，高祖酒兴发作，醉倒在地，睡着了。

【15】

后面的人赶到高祖斩蛇的地方，见有个老太婆在这黑夜里哭泣。大家问她为什么哭，她说："有人杀了我的儿子，所以哭。"又有人问："你的儿子为什么给人杀了？"老太婆说："我的儿子是白帝子，变成蛇挡在路上，现在被赤帝子杀了，所以我才哭。"大家认为这老太婆胡说八道，不老实，正想给她点苦头吃，老太婆却忽然不见了。等后面这些人赶上来时，高祖酒意醒了。大伙将刚才发生的事告诉他，高祖听了暗暗高兴，觉得自己确实是个不平凡的人。那些跟随他的人，也就一天天对他敬畏起来。

秦始皇常常说"东南方向有天子之气"，因此他巡游东方，想借此加以镇伏。高祖怀疑这事与自己有关，觉得应该躲避一下，就隐藏在芒、砀一带的深山大泽中。吕后带人一起去找他，往往一下就找着了。高祖感到奇怪，问是怎么回事。吕后说："你所藏的地方上面常常有一种云气，所以跟着云气走，就能找到你。"高祖非常高兴。沛县青年中有些人听到了这些奇事，大都想去归附他。【16】

秦二世元年秋天，陈胜等人在蕲县起兵反秦，到陈县后自立为王，号称"张楚"。各郡县不少地方大都起来杀死当地官吏，响应陈胜。沛县县令害怕了，也想率领沛县人响应陈胜。主吏萧何、狱掾曹参便对他说："您是秦朝官吏，现在要背叛它，率领沛县子弟，恐怕大家不会听您的命令。希望您召回逃亡在外的人，可以得到好几百人，再利用这些人去控制民众，那么民众就不敢不听从您的命令了。"于是县令便派樊哙去召唤刘季。这时刘季手下已经有上百人了。

就这样，刘季便随樊哙回到沛县。可是县令又后悔了，

【16】

他怕刘季一来发生变故，就关闭城门，严加防守，不让刘季他们进城，还要杀掉萧何、曹参。萧何、曹参十分害怕，翻过城墙投靠了刘季。刘季就用绸绢写了封信射进城去。他在信中对沛县父老说："天下人吃秦朝暴政的苦头已经很久了。如今父老们虽在为县令守城，但各地诸侯都已起兵，沛县即将遭到屠杀。如果大家一起杀掉县令，推选一位能够充当首领的领头人，来响应各路诸侯，那你们的家室便可以保全，不然老老小小全都会遭屠杀，那就太不值得了。"父老们就率领子弟一起杀了县令，打开城门，迎接刘季，想请他做沛县县令。刘季说："天下当今大乱，诸侯纷纷起事，如果首领选得不当，就会一败涂地。我不是爱惜自己性命，而是担心能力薄弱，不能保全父老兄弟。这可是件大事，希望大家再推选能够胜任的人。"萧何、曹参等人都是文官，看重身家性命，害怕万一大事不成，以后要被秦朝绝种灭族，所以总是推举刘季。父老们都说："平时我们就听过关于你的种种奇闻怪事，说你定能显贵，而且我们占卜这件事，没有比你刘季更吉利的人了。"这时刘季还是一再推让。但大家都不敢领头，最终还是立刘季做了沛公。刘季就在沛县衙门祭祀了黄帝和蚩尤，杀死牲口取其鲜血，祭了战鼓战旗。军旗一律为红色，这是因为从前所杀的那条蛇是白帝子，而杀蛇者是赤帝子的缘故，所以崇尚红色。【17】于是那班年轻豪侠的县吏如萧何、曹参、樊哙等，都去征集沛县的青年子弟入伍，共得两三千人，在攻打胡陵、方与之后，回军驻守丰邑。

秦二世二年，陈胜的部将周章率领军队西进到了戏水，兵败而还。燕国、赵国、齐国、魏国纷纷自立为王，项家叔侄也在吴县起兵。秦朝泗川郡监[①]名叫平的，这时领兵前来围攻丰邑。两天之后，沛公出兵应战，打败了秦军。沛公派雍齿[②]守卫丰邑，自己领兵去攻薛县。泗川郡守名叫壮，在薛县吃了败仗，逃到戚县，沛公的左司马曹无伤捉住并杀了他。沛公领兵回亢父，到达方与，遇到前来攻城的周市，一路没有遇敌交战，这时陈胜派魏国人周市领兵攻城夺地。周市派人对雍齿说："丰邑，曾是我们魏王的迁都之地。现在我们魏国已收复的城邑有好几十座，你雍齿现在如果投降魏，魏国就封你为侯，仍让你驻守丰邑。如果你不投降，我们就要攻破丰邑，进行屠杀。"雍齿本来就不愿归属沛公，到如今又遇上魏国来招降，便反叛沛公而为魏国防守丰邑了。沛公率兵攻打丰邑，没能拿下。他因患病，只好回到沛县。沛公怨恨雍齿和丰邑的子弟背叛他，听说东阳县的宁君和秦嘉在留县立景驹为假王，就赶去归附景驹，想请景驹借给他兵马来攻打丰邑。这时，秦军主将章邯率军追击陈胜，别将司马尼[③]领兵向北平定楚地，在相县大肆屠杀之后，来到砀县。东阳县人宁君和沛公领兵西进，在萧县西面与司马尼交战，未能取胜。他们便退回留县，集合散兵，又去攻打砀县，三天便拿下砀县。于是收编了砀县降兵，得到五六千人。再去攻打下邑县，也拿下来了。然后回军丰邑。沛公听说项梁在薛县，就带了一百多名随从去拜见他。项梁给沛公增拨了五千士兵

---

① 监：郡的监察官。秦时每郡设守、尉、监三官。守为行政首长，尉管军事，监管督察官吏，由中央所派的御史充任。

② 雍齿：刘邦同乡。随刘邦起兵后，曾一度背叛。汉初被封为什方侯。

③ 尼：古文"夷"字，又作"仁"字。

【17】

和十名五大夫级的将官。沛公回来后，又领兵进攻丰邑。

沛公跟随项梁一个多月后，项羽攻克襄城回来了。项梁把各地将领统统召集到薛县，听说陈胜确实死了，就立楚国后代、怀王的孙子熊心为楚王，建都盱眙。项梁则号称武信君。过了几个月，楚军北上攻打亢父，援救东阿，打败了秦军。齐军收兵回去，楚军单独追击败兵，派沛公、项羽另外攻打城阳，破城后屠杀了一番。随后便在濮阳东面扎营，跟秦军交战，又打败了秦军。

秦军重新振作起来，坚守濮阳，引水环城。楚军撤兵，转攻定陶，定陶却没有拿下。沛公与项羽便西进扩充地盘，到了雍丘城下，与秦军交战，大破秦军，斩了李由，回军进攻外黄，没有攻下。

项梁连破秦军，脸上露出骄傲的神色。宋义规劝，他不听。秦又派兵增援章邯，趁夜衔枚[①]偷袭项梁，在定陶大破楚军，项梁战死。这时沛公与项羽正在进攻陈留，听到项梁战死，就带兵与吕臣将军一道退回。吕臣的军队驻扎在彭城东面，项羽的军队驻扎在西面，沛公的军队驻扎在砀山一带。

章邯打垮项梁的军队后，便以为楚地的军事用不着担心了，于是渡过黄河，北攻赵国，大破赵军。当时，赵歇为赵王，秦将王离率兵将他包围在巨鹿城，这就是所谓“河北之军”。

秦二世三年，楚怀王见项梁的军队大败，心中害怕，便将都城从盱眙迁到彭城，合并吕臣、项羽的军队，亲自统率。任命沛公为砀郡郡长，封为武安侯，统领砀郡兵马；封项羽

① 衔枚：枚，形状像筷子之类的东西。古代军队秘密行动时，为了防止喧哗，命令士兵将枚横衔在嘴里，两头用绳子系在颈子上，这就叫作“衔枚”。

为长安侯，号称鲁公；任命吕臣为司徒，任命吕臣的父亲吕青为令尹。

赵国多次请求楚军援救，楚怀王就任命宋义为上将军，项羽为次将，范增为末将，北上救赵。同时命令沛公向西攻城扩地，向关中进军。楚怀王与各路将领约定，谁先攻入关中，谁就做关中王。

这时候，秦军还相当强大，经常打胜仗，楚将中没有一个人认为先入关是有利的。唯独项羽痛恨秦军打败了项梁，自告奋勇，愿意同沛公一道西进入关。怀王手下的老将们都说："项羽为人凶悍暴躁，残忍狠毒。过去他攻下襄城，城里的军民一个不剩，统统被他活埋了。凡是他经过的地方，没有不遭到残杀毁灭的。况且楚军多次轻率进军，以前陈胜、项梁都因此而招致失败，不如改派宽厚的长者，以正义为号召，率军西进，向秦国的父兄们讲明道理。秦国的父兄吃他们君主的苦头已经很久了，如今要是真能有位宽厚的长者前去，不施暴虐，关中应该是可以攻下的。而项羽为人凶暴，不可派遣；只有沛公向来是宽大忠厚的长者，可以派遣。"怀王最终没有答应项羽的请求，而派沛公率军西进夺地，同时一路收容陈胜、项梁的散兵。沛公便从砀县到达城阳，与驻在杠里的秦军对垒，击败了秦军的两支部队。楚军又出兵袭击秦将王离，也大获全胜。

沛公率部向西挺进，在昌邑与彭越相遇，便与他一起攻打秦军，未能取胜。回军到栗县，遇着刚武侯，将他手下的军队夺了过来，约有四千余人，两军会合一起。再与魏将皇欣、申徒武蒲的军队联合攻打昌邑，也未能攻克。沛公便放下昌邑，继续西进。路过高阳时，看管城门的郦食其（yì jī）[1]说："路过此地的这么多将领中，我看沛公算是个气魄宏大的忠厚长者。"就请求进见，游说沛公。沛公这时正坐在床上，叉开两腿，让两个女子给他洗脚。郦食其见了沛公并不下拜，只是深深地作了个揖，说："足下如果决计要讨灭暴虐无道的秦朝，就不该坐在床上接见长者。"于是沛公站了起来，提起衣服，向他道歉，请他坐在上首。郦食其劝沛公袭击陈留，夺取秦军的储粮。【18】沛公就封郦食其为广野君，任命他的弟弟郦商[2]为将军，统率陈留的军队，一起攻打开封，没能攻下。在向西进军途中，沛公与秦将杨熊在白马交战，又在曲遇东面打了一仗，大破秦军。杨熊逃到荥阳，秦二世派人将他斩首示众。沛公向南攻取颍阳后，屠杀了一番。因得到张良的协助，于是占领了韩国的轘辕关。

这时，赵国别将司马卬正要渡过黄河，进攻关中，沛公便北上进攻平阴，切断黄河渡口。又南下，与秦军在洛阳东面打了一仗，未能取胜。退回阳城后，将军中骑兵集中起来，在犨（chōu）县东面与南阳郡守吕齮（yǐ）交战，击溃了秦军。沛公乘胜占领了南阳郡，吕齮败逃，退守宛城。沛公领兵绕过宛城西进。张良劝他说："您虽然急于入关，但目前秦兵还是势众力强，又据险抵抗，如果现在不拿下宛城，宛城的守敌从背后攻击，强大的秦军在前面阻挡，这是很危险的。"于是沛公连夜率军队抄小路返回，更换旗帜，天快亮时，将宛城重重包围起来。南阳郡守想自杀，他的门客陈恢说：

① 郦食其：说客。事详《郦生陆贾列传》。

② 郦商：郦食其之弟。汉初封曲周侯。事详《樊郦滕灌列传》。

沛公
郦食
【18】

“要寻死还早着呢！”便翻过城墙去求见沛公，说：“我听说足下即受怀王之约，先攻下咸阳的就在关中称王。现在足下停留在这里攻城，要知道宛城是个大郡的都城，连城数十，人民众多，粮食充足，城内军民认为投降必死，所以大家都决心登城死守，如今足下整天停留在这里攻城，士兵伤亡必定很多；若解除包围率军而去，宛城守军又一定会尾随追击。这样一来，足下会失去先入咸阳的机会，后又有遭受强大宛军袭击的危险。我替足下着想，倒不如招降苑城，封南阳郡守为侯，仍让他留守南阳，而您带了宛城的士兵一道西进。那些没有降服的城邑，听到这个消息，一定会争先恐后地打开城门迎候足下，您就可以畅行无阻了。”沛公说：“好！”就封宛城郡守为殷侯，封给陈恢一千户。这样，沛公率领大军向西挺进，所过城邑果然无不降服。到了丹水，高武侯戚鳃、襄侯王陵也都在西陵归降。沛公又回攻胡阳，遇到番君派来的部将梅销，便同他一起，攻下了析县和郦县。沛公派遣魏国人宁昌到关中去活动，宁昌还未回来。这时，秦将章邯已在赵地率军投降了项羽。

当初，项羽和宋义北上救赵，等到项羽杀了宋义，取代他做了上将军，各部将领如黥布等都归属于项羽；接着他又打败秦将王离的军队，招降了章邯，诸侯们也都归附于他了。到后来赵高杀了秦二世，派人来联系，想跟沛公分割关中，各自为王。沛公认为这是个阴谋，便采用张良的计策，派郦食其和陆贾去说服秦将，并以利相诱，乘机袭击武关，大破秦军。又在蓝田南面与秦军会战。沛公叫人多设疑兵，多树旗帜，迷惑敌军，并命令军队，凡所过之处，不得掳掠。这一来，秦地人民高兴，秦军纷纷瓦解，沛公乘机大破秦军。接着又在蓝田北面打了一仗，也大获全胜，于是乘胜追击，彻底打败了秦军。

汉元年十月[①]，沛公的军队先于各路诸侯到达霸上。秦王子婴乘素车驾白马，脖子上系着绳子，手捧封着的皇帝玉玺和符节，伏在轵道亭旁，向沛公投降。有的将领主张杀掉秦王，沛公说："当初怀王之所以派我来，就是认为我能宽大容人；况且人家已经降服，又杀掉人家，这么做不吉利。"便将秦王交给主管官员，自己率部西入咸阳。沛公想在秦宫中住下休息，经过樊哙、张良规劝，便下令将秦宫中的贵重宝器财物和所有府库封存起来，率领部队回霸上驻扎。沛公将附近各县的父老和有名望的人召集起来，对他们说："父老们受秦朝严刑苛法的苦害已经很久了，批评朝政的要灭族，相聚议论的要杀头。我和诸侯们同受怀王的约定，先入关中者在关中称王，所以我应该在关中称王了。今天特地与父老们约法三章：杀人者处以死刑，伤人和抢劫者依法治罪，其他的法令一概废除。所有官吏和百姓都照旧安居乐业。我到这里来，是替父老们除害的，不是来侵害你们的，请大家不要害怕！我之所以把军队开回霸上，只是为了等待各路诸侯到来，好制定一个大家共同遵守的规约而已。"随后又派人和秦朝的官吏一起巡行各县城镇乡村，进行广泛宣传。关中的老百姓十分高兴，争着送牛羊酒食慰劳士兵。而沛公又一再谦让，

---

① 汉元年十月：即公元前206年阴历十月。这一年刘邦被封为汉王，所以称"汉元年"，为汉纪元的开始。秦朝历法建亥，以夏历十月为岁首，汉承秦制，元年十月即汉元年的第一个月。

【19】

不肯接受，说："仓库里的粮食很多，并不缺乏，不想让大家破费。"老百姓更加高兴，唯恐沛公不在秦地为王。【19】

有人向沛公游说："关中比天下其他地区富足十倍，地势又非常险要。如今听说章邯投降项羽后，项羽给了他雍王的封号，让他在关中称王。眼下他如果来了，您沛公恐怕就不能占有这个好地盘了。可赶快派兵把守函谷关，不让诸侯军进来，一面在关中逐步征兵，加强实力，以抵抗他们。"沛公赞同他的计策，照着做了。十一月中旬，项羽果然率领诸侯军浩浩荡荡西进而来，要进函谷关，可是关门紧闭。项羽听说沛公已经平定了关中，大为震怒，就派黥布等攻破函谷关。十二月中旬，便打到戏水。沛公的左司马曹无伤听说项羽发怒要进攻沛公，就派人告诉项羽说："沛公要在关中称王，任用秦王子婴为丞相，所有的珍奇宝贝都归他占有了。"想以此来求得项羽的封赏。被项羽尊为"亚父"的范增劝项羽进攻沛公。项羽正让兵士们吃饱一顿，准备第二天一早与沛公会战。这时项羽拥有兵力四十万，号称一百万；沛公拥有兵力十万，号称二十万，实力敌不过项羽。恰巧项伯要救张良，连夜来见他，沛公借此机会通过项伯向项羽说明情况，项羽才放弃了进攻沛公的计划。沛公次日又带了百余名随从骑马赶到鸿门，当面向项羽道歉。项羽说："这是你沛公的左司马曹无伤跟我说的，不然我怎么会产生这样的误解呢！"沛公因为有樊哙、张良设计保护的缘故，才得以脱身回来。回营后，沛公马上把曹无伤杀了。

项羽于是挥师西进，大肆屠杀，放火焚烧咸阳城内秦王朝的宫室，所过之处，无不遭到严重破坏。关中的老百姓对项羽大为失望，然而由于惧怕他，又不敢不服从他。

项羽派人向怀王汇报请示。怀王答复："按原先约定的办。"项羽抱怨怀王不肯让他和沛公一道西进入关，而派他北上救赵，致使他错后于约定进入关中，于是就说："怀王这个人是我叔叔武信君项梁拥立的。他没有功劳，怎么能作主定约！平定天下的，本来就是各位将领和我项羽嘛。"于是假意推崇怀王为义帝，实际上并不服从他的命令。

正月间，项羽自封为西楚霸王，统辖梁国、楚国的九个郡，建都彭城。又违背原先的约定，改封沛公为汉王，统辖巴、蜀和汉中地区，建都南郑。却将关中一分为三，分封给秦朝的三个降将：章邯为雍王，建都废丘；司马欣为塞王，建都栎阳；董翳为翟王，建都高奴。再封楚将瑕丘申阳为河南王，建都洛阳。封赵将司马印为殷王，建都朝歌。将赵王赵歇迁往代地为王。封赵相张耳为常山王，建都襄国。封当阳君黥布为九江王，建都六县。封怀王的柱国共敖为临江王，建都江陵。封番君吴芮为衡山王，建都邾县。封燕将臧荼为燕王，建都蓟县。将原燕王韩广迁往辽东为王，韩广不服，臧荼就率军攻打，把他杀死在无终。项羽又将河间附近的三个县封给成安君陈馀，让他住在南皮县。封给梅铜十万户。

四月，各路诸侯离开主帅项羽，率军撤回到各自的封国去。汉王前往封国时，项羽派了三万士兵随从，楚国和其他诸侯国中自愿跟随汉王的有好几万人，他们从杜县南面进入蚀中通道。军队一经过就烧毁栈道，以防备诸侯军随后偷袭，也是向项羽表示没有东进的意图。到达南郑时，部将和士兵们不少人在半路上开了小差，士兵们唱着思乡的歌曲，都想回到东边去。韩信劝汉王说："项羽把有功的部将都封在好地方为王，而唯独将大王封在南郑，这简直是贬损流放您。我军官吏、士兵都是山东人，日夜翘首踮足地盼望东归，乘着他们这时的锐气加以利用，正可以建立伟大功业。如果等到将来天下平定，人们都安居了，就不好再利用了。不如决计东进，与天下诸侯决一雌雄。"

项羽出了函谷关，派人去迁徙义帝，借口说是"古代辖地千里的帝王，必须住在江河的上游"，便要义帝迁到长沙郡的郴县，催促他快走。群臣于是陆续背叛项羽，项羽又暗地里命令衡山王和临江王一路追击，将义帝杀死在江南。项羽怨恨田荣，便封齐将田都为齐王。田荣恼怒，就自立为齐王，杀掉田都，反叛项羽；又把将军印授予彭越，让他在梁地起兵反楚。楚命令萧县县令角攻打彭越，彭越被打得大败。陈馀怨恨项羽没封自己为王，便派夏说去游说田荣，请他发兵攻打张耳。齐王田荣借兵给陈馀，打败了常山王张耳，张耳逃去归附了汉王。陈馀把赵王赵歇从代地接回赵国，重新立为赵王。而赵王也就立陈馀为代王。项羽大怒，发兵北攻齐国。

八月，汉王采用韩信的计策，从故道回军，袭击雍王章邯。章邯在陈仓迎击汉军，兵败而逃；在好畤停下来再战，又被打败，逃回废丘。汉王随即平定了雍地。接着率兵东进咸阳，派军围章邯于废丘，并派遣部将攻占了陇西、北地、上郡。派将军薛欧、王吸出武关，靠着驻守南阳的王陵的军队，往沛县接太公和吕后。项羽闻讯后，派兵在阳夏阻击，使汉军不能前进，并封原吴县县令郑昌为韩王，以抵抗汉军。

二年，汉王向东攻城割地，塞王司马欣、翟王董翳、河南王申阳都投降了汉王。韩王郑昌不愿归降，汉王派韩信打败了他。于是在关中设置陇西、北地、上郡、渭南、河上、中地等郡；在关外设置河南郡，改封韩太尉信为韩王①。明令各诸侯王的部将凡是率众一万或献地一郡前来投降的，封为万户侯。又下令修筑河上郡的要塞，将原先秦朝的苑囿（yòu）园池，统统交给老百姓耕种。正月，汉王俘虏了雍王章邯的弟弟章平，下令大赦罪犯。

汉王出关到了陕县，慰问关外父老，回去后，张耳前来求见。汉王给了他优厚的待遇。二月，下令废除秦朝的社稷②，改立汉朝的社稷。

三月，汉王从临晋关东渡黄河，魏王魏豹率部跟随。汉王攻占了河内地区，俘虏了殷王司马卬，设置河内郡。又率军南下，渡过平阴津，到达洛阳。新城县的三老③董公拦住汉王，诉说义帝被杀的经过。汉王听后，袒臂大哭。随即号令全军为义帝发丧，集体举哀三天。并派使者通告各路诸侯："天下共同拥立义帝，都愿对他称臣。如今项羽放逐义帝，把他杀害在江南，这是大逆不道。我亲自为义帝发丧，望诸侯也都穿上丧服。我将调动关中全部兵马，征集河南、河东、河内三郡士兵，沿长江、汉水南下，追随诸侯王，去讨伐楚国那个杀害义帝的家伙！"

---

① 韩太尉信：战国时韩襄王的后代。曾随刘邦入关中、汉中，以功被封为韩国太尉，后被封为韩王。高祖七年（公元前200年）投降匈奴。为了与淮阴侯韩信区别，史书中一般称他为"韩王信"。事详见《韩信卢绾列传》。

② 社稷：即社稷坛。是古代君主祭祀土神和谷神的场所。常用来作为国家的代称。社，土神；稷，谷神。除去秦的社稷坛，再立汉的社稷坛，表示改朝换代。

③ 三老：官名。掌管一乡的教育与民俗。

这时，项羽正向北攻打齐国，田荣跟他在城阳交战。田荣兵败，逃往平原。平原县民众将他杀了。齐国各地也都向楚国投降。项羽放火焚毁了齐国的城邑，掳走齐人的子女，这样，使齐人又反叛项羽。田荣的弟弟田横拥立田荣的儿子田广为齐王，齐王又在城阳举兵反叛项羽。项羽虽然听到了汉王东进的消息，但既然已与齐军交战，想索性打垮齐军后再迎击汉军。汉王因此得以挟持五诸侯①的兵力，攻入彭城。项羽闻讯，立即领兵离开齐国，从鲁县绕道胡凌，到达萧县，与汉军在彭城、灵璧以东的睢水上激战，大败了汉军，杀死了很多士兵，连睢水都被尸体堵塞得不能流通了。项羽又派人去沛县掳取了汉王的父母、妻子、儿女，扣留在军中作为人质。当时诸侯们看见楚军强大，汉军失败，又都叛汉降楚。塞王司马欣也逃到了楚国。

吕后的哥哥周吕侯吕泽率领一支汉军，驻扎在下邑。汉王到他那里，陆续收集了一些散兵，驻扎到砀县。然后率军西行，经过梁地，到了虞县。汉王派谒者随何②到九江王黥布那儿去，对随何说："您如果能劝说黥布举兵反楚，项羽必将进攻黥布。只要能牵制项羽停留在九江几个月，我就一定能取得天下了。"随何便去说服黥布。黥布果然叛楚，项羽忙派龙且前去攻打他。

汉王在彭城兵败后向西撤退，行军中派人去寻找家室，

① 五诸侯：指常山王张耳、河南王申阳、韩王郑昌、魏王魏豹、殷王司马卬。

② 随何：刘邦的谋士，任护军中尉。项羽攻田荣时，曾要英布出兵，英布称病不去，双方因此有隔阂，故张良建议刘邦乘此去游说英布。谒者：官名，为国君掌管传达等事务的侍从官。

家室也已逃亡，没有找到。后来只找着了孝惠帝。六月间，立他为太子，大赦罪犯。随即命令太子驻守栎阳，并将在关中的各诸侯之子都集中到栎阳来守卫。接着引水淹废丘城，废丘城守军投降，章邯自杀。汉王将废丘改名为槐里，于是命令掌管祭祀的官员祭祀天地、四方、上帝、山川，规定以后按时祭祀。又征调关中士兵前去防守边塞。

这时，九江王黥布与龙且交战，未能取胜，便和随何一道抄小路投靠汉王。汉王又陆续征集了部分兵员，与各路将领和关中军队大举出动，因而军威大振荥阳，在京、索两地间大败楚军。

三年，魏王魏豹推说父母有病，请假回家探亲，一到魏国就断绝黄河渡口，就背叛了汉王投降了楚国。汉王派郦食其去劝说魏豹，魏豹不听，汉王就派将军韩信去征讨，大破魏军，俘虏了魏豹，平定了魏地，随后设置三个郡，即河东郡、太原郡、上党郡。汉王随即命令张耳与韩信率兵东进，拿下井陉，进攻赵国，杀了陈馀和赵王赵歇，第二年，封张耳为赵王。

汉王的军队驻扎在荥阳南面，修筑了一条直通黄河渡口的甬道，以便运送敖仓的粮食。就这样与项羽对峙了一年多。项羽多次侵夺甬道，使汉军粮食缺乏，于是围攻汉王。汉王向项羽求和，提出将荥阳以西的地方划给汉，项羽不答应。汉王忧虑，就采用陈平的计策，给陈平四万斤黄金，以此去离间楚国的君臣关系，于是项羽便对亚父范增产生了怀疑。范增这时正劝项羽趁势攻下荥阳，当他知道自己被项羽猜疑后，就非常气愤，以年老为借口辞职，希望项羽把自己的老骨头赏还他去当老百姓，后来还没走到彭城就死了。

汉军断了粮，就趁着夜晚让两千多名妇女披铠戴甲出东门，楚军便从四面包围拦击。将军纪信随即坐着汉王的车驾，化装成汉王来迷惑楚军。楚军信以为真，高呼万岁，都拥到东门外看热闹。趁此机会，汉王才能带着数十名随从骑马突出西门逃命。临行前命令御史大夫周苛和魏豹、枞公一道守卫荥阳。当时不能随汉王同行的官兵，都留在城中。周苛、枞公商量说：“魏豹这种反复无常的人，难以和他一道守城。”便将魏豹杀了。

汉王逃出荥阳，进入关中，收集兵马，打算再次东进。袁生劝阻汉王说：“汉与楚在荥阳相持了好几年，汉军常常处于困境。希望大王从武关出兵，项羽必定率军南下，那时大王挖沟渠、垒高墙，坚守不出，让荥阳、成皋一带的汉军得到休整。您再派韩信等去安抚河北赵地军民，联合燕国、齐国，然后大王再进军荥阳，也为时不晚。这样，楚军要多方应付，力量分散，而汉军则得到休整，再跟楚军作战，就必定能够打败楚军。”汉王采纳了他的计策，出兵于宛县、叶县之间，与黥布一路收集兵众。

项羽听说汉王在宛县，果然率军南下。汉王坚壁固守，不跟他接战，这时，彭越渡过睢水，与项声、薛公在下邳打了一仗，彭越大败楚军。于是项羽便领兵东去攻打彭越。汉王也就领兵北上进驻成皋。项羽击退彭越后，听说汉王又驻兵成皋，就又率兵西进，攻克荥阳，杀了周苛、枞公，并俘虏了韩王信，随后围攻成皋。

汉王被迫逃走，只身与滕公夏侯婴乘车由成皋北面的玉门出逃，北渡黄河后，住在修武。第二天一早，自称使者，早晨跑到张耳、韩信的军营里，夺了他手下军队。又派张耳北上，去赵地大量征集兵员，派韩信向东进攻齐国。汉王得了韩信的军队，重振军威，便率军南下，到达黄河岸边，驻扎在小修武南面，准备与项羽再战。郎中[①]郑忠就劝阻汉王，让他深沟高墙垒地固守，不要跟楚军作战。汉王依了他的计谋，派卢绾、刘贾统领步兵两万，骑兵几百，渡过白马津，进入楚地，与彭越一起在燕城西面打败了楚军，接着又攻克了梁地的十多座城邑。

韩信受命东进，还未渡平原津，汉王已派郦食其前去劝说齐王田广，田广同意反楚，与汉王讲和，一起进攻项羽。而韩信采用蒯(kuǎi)通[②]的计策，于是进行袭击，打垮了齐军。齐王烹了郦食其，向东逃到高密。项羽听到韩信统率河北之军打败齐军、赵军，又将进攻楚军，便派龙且、周兰前去阻击。韩信与他们交战，骑将灌婴配合出击，大败楚军，杀了龙且。齐王田广投奔彭越。当时，彭越正领兵驻在梁地，经常骚扰楚军，切断楚军的运粮通道。

四年，项羽就叮嘱海春侯大司马曹咎说："你小心谨慎地守住成皋。如果汉军挑战，切莫应战，只要拖住汉军不让它东进就行了。我在十五天内一定平定梁地，回头再跟将军会合。"便率兵一路进击陈留、外黄、睢阳都攻下了。汉军果然向成皋楚军挑战，楚军坚守不出，汉军派人在阵前百般

---

① 郎中：官名。掌管宫中门户、皇帝外出充车骑，有车、户、骑三将，属郎中令，是皇帝的侍卫官。

② 蒯通：当时著名的说客。原名蒯彻，司马迁为避汉武帝刘彻名讳，改为"蒯通"。

辱骂了五六天，曹咎怒不可遏，领兵横渡汜水应战。士兵才渡过一半，汉军乘机出击，大破楚军，缴获了楚国的全部金银玉器等财物。大司马曹咎、长史司马欣都在渡汜水中自杀。项羽到达睢阳时，听说海春侯兵败，就率军返回。汉军这时正在荥阳东面围攻钟离眜，项羽到来时，汉军已全部转移到险要地带。

韩信打垮齐国之后，派人对汉王说："齐国邻近楚国，如果给我的权力太小，不封为代理齐王的话，恐怕不能安定齐国。"汉王生气地要去攻打韩信。张良说："倒不如趁此封他为王，让他独自守住齐地。"于是汉王就派张良带着印绶前去，封韩信为齐王。

项羽听说龙且的军队被打败，恐惧起来，就派盱眙人武涉到齐国去诱劝韩信反汉，韩信没有答应。

楚、汉两军相持很久，胜负未决，壮丁们苦于行军作战，老弱者疲于转运粮饷。汉王与项羽隔着广武涧对话，项羽要跟汉王单独决斗。汉王历数项羽的罪状说："当初我与你项羽一同受命于怀王的命令，说先入关中者为王，你项羽违背原约，却把我封往蜀汉为王，这是你的第一大罪状。你项羽假冒怀王命令，杀害了卿子冠军宋义，而自尊为上将军，这是你的第二大罪状。你项羽奉命救赵之后，理应回报怀王，而你却擅自劫持诸侯率军入关，这是你的第三大罪状。怀王预先约定入关后不许烧杀掳掠，你项羽却焚毁秦朝宫室，掘毁始皇坟墓，私盗其中财物，这是你的第四大罪状。你又毫无道理地杀掉已经归降的秦王子婴，这是你的第五大罪状。你采用欺骗手段，将二十万秦兵在新安活埋，而封秦的降将为王，这是你的第六大罪状。你项羽把好地方都封给诸侯手下的将领，而迁徙驱逐原来的诸侯王，使得他们的臣下争相反叛，这是你的第七大罪状。你项羽把义帝赶出彭城，自己却在那里建都，又侵夺韩王封地，兼并梁、楚之地，扩大自己的地盘，这是你的第八大罪状。你项羽派人在江南暗杀义帝，这是你的第九大罪状。你身为臣子而谋杀君主，人已归降，你却横加杀害，你执政不公，信约不守，已为天下人所不能容忍，真是大逆不道，这是你的第十大罪状。我率正义之师跟诸侯们一起讨伐你这残暴的贼子，只需让那些受过刑的囚犯来打你就行了，老子又何苦来跟你交战！”项羽听了大怒，用暗箭射中汉王。汉王胸部受了伤，却按着脚说：“这贼子射中了我的脚趾头！”汉王身受重伤病倒，张良请他勉强起来去巡视军营，慰劳士兵，以安定军心，不让楚军乘机取胜。汉王出去巡视了一番，因为伤势严重，便赶回成皋养病。【20】

汉王伤口痊愈后，西入关中，来到栎阳，设酒宴慰问当地父老，把原塞王司马欣的头挂在栎阳街头示众。在栎阳逗留四天，汉王又回到军中，将部队扎在广武。这时关中增援的士兵，源源不断地出关。

就在这个时候，彭越带领军队居于梁地往来游击骚扰楚军，断绝楚军的粮食供应。田横前来依附他。项羽得经常还击彭越等人的袭击，加上齐王韩信又来进攻楚军，项羽恐惧了，便与汉王谈判商定，平分天下，以鸿沟为界，鸿沟以西划归汉，鸿沟以东划归楚。项羽归还汉王的父母和妻室儿女，汉军都高呼万岁，楚军也就撤兵回去。

项羽撤兵东归了。汉王原打算率军西去，后来采用张良、

【20】

陈平的计策，乘势进军追击项羽，到达阳夏南面驻扎下来，与齐王韩信、建成侯彭越约期会合，共击楚军。汉王到达固陵，韩信、彭越却不来会合，楚军迎击汉军，把汉军打得大败。汉王只得又躲进营垒，深挖壕沟固守起来。汉王又采用张良的计策，于是韩信、彭越都来会合了。等到刘贾进入楚地，围攻寿春时，汉王却在固陵战败。汉王就派人去拉拢项羽的部将大司马周殷反楚，让他出动九江兵马去会合武王黥布，两军在行军途中攻破城父，屠杀了一通，然后随刘贾和齐王、梁王在垓下会师。汉王封武王黥布为淮南王。

五年，汉王和诸侯军联合攻击楚军，与项羽在垓下决战。淮阴侯韩信统率三十万大军独当正面，孔将军居左翼，费将军[①]居右翼，汉王领兵随后，绛侯周勃、将军柴武[②]又跟在汉王后面。项羽这时的军队约有十万。淮阴侯首先交锋，不顺利，向后退却。孔将军、费将军率兵夹击，楚军招架不住，加上淮阴侯又乘势反攻，楚军在垓下被打得大败。项羽夜晚听到汉军中的楚歌声，以为汉军完全占领了楚地，便败退逃跑，因此楚军越发溃不成军。汉王派骑将灌婴追杀项羽直至东城，斩首八万，终于平定了楚地。只有鲁县人还在为项羽坚守城池，不肯投降。汉王便率领诸将侯军北上，把项羽的头给鲁县的父老们看，鲁人才肯投降。于是，汉王就用葬鲁公的礼仪将项羽葬在谷城，然后回师定陶，跑到齐王韩信的军营，

① 孔将军：韩信部将孔熙，后封为蓼侯。费将军：韩信部将陈贺，后封为费侯。

② 绛侯周勃（？—公元前169年）：刘邦同乡。曾以编织蚕箔为业，后随刘邦起兵反秦，率军转战各地，成为刘邦的重要将领，汉初封绛侯。事详见《绛侯周勃世家》。将军柴武：被封棘蒲侯。

接管了他的部队。

正月，诸侯和将相们共同商议，一致推尊汉王为皇帝。汉王说："我听说皇帝的称号只有贤德的人才可以享有，空言虚语还没有达到标准，就不要求取那个称号，我不敢承当皇帝的位号。"大臣们都说："大王从平民起家，诛灭暴逆，平定四海，对有功者便赏给土地封为王侯。大王如不接受皇帝的称号，对于大王的封赏，人们就都不会相信。我们愿以死来坚持这一建议。"汉王再三谦让，不得已，才说："大家坚持认为这样有利，是因为这样有利于天下。"二月甲午日，汉王便在汜水北面登上帝位。【21】

皇帝说："义帝没有后代，齐王韩信熟悉楚地风俗，将他改为楚王，建都下邳。"封建成侯彭越为梁王，建都定陶。原韩王信仍为韩王，建都阳翟。改封衡山王吴芮为长沙王，建都临湘。番君吴芮的部将梅销曾随汉军入武关有功，所以高祖这样感激吴芮。淮南王黥布、燕王臧荼、赵王张敖，仍保持原来的封号不变。

天下大定后，高祖便建都洛阳，诸侯都来向他称臣。原临江王共敖之子共驩忠于项羽，反叛汉朝，高祖派卢绾、刘贾围攻，没有攻下。几个月后共驩才投降，高祖在洛阳把他杀了。

五月间，士兵们都复员回家。各诸侯的子弟，凡在关中护卫太子的免除徭役十年，中途回封国去的免除徭役六年，都由国家供养一年。

高祖在洛阳南宫举行酒宴。他说："各位列侯、各位将军，请大家不要瞒我，都坦率地说一说心里话，我之所以得到天下

【21】

是什么缘故，项羽之所以失去天下又是什么缘故？”高起、王陵回答说：“陛下性情傲慢，喜欢侮辱别人；项羽性情仁厚，注意爱护别人。然而陛下派人攻城割地，攻下了城邑就分封给他，与大家共同分享利益；而项羽却妒贤嫉能，对有功的人加以伤害，对贤能的人随便怀疑，打了胜仗而不论功行赏，得了土地而不给人好处，这就是他失去天下的原因。”高祖说：“您只知其一，不知其二。讲到运筹策划于帷帐之中，决定胜利于千里之外，我不如张良；镇定国家，安抚百姓，供应粮饷，使运输之路畅通无阻，我不如萧何；统率百万大军，战而必胜，攻而必克，我不如韩信。这三位，都是人中之杰，而我却能够任用他们，这就是我之所以取得天下的缘故。项羽尽管有一个范增却不信任地用他，这就是他被我打败的原因。”

高祖打算把都城永远定在洛阳，齐人刘敬[①]进言，加上留侯张良也劝说高祖入都关中，高祖便即日起驾，入都关中。六月，下令大赦天下。

十月，燕王臧荼叛乱，攻下了代地。高祖亲自率军征讨，俘虏了臧荼。随即封太尉卢绾为燕王，派丞相樊哙领兵平定代地。

这年秋天，利几反叛，高祖又亲自带兵征讨，利几败逃。利几原来是项羽手下的将领，项羽失败时，他任陈县县令，没有跟随项羽，跑去投降了高祖，高祖封他为颍川侯。高祖到洛阳后，召见在籍的全部通侯，利几心里害怕，因而造反。

---

① 刘敬：原姓娄，齐国人。最初只是一名戍卒，他求见高祖，主张定都关中。大臣们大都是山东人，反对西迁。由于张良劝说，刘邦采纳了娄敬的意见，并赐他姓刘。事详见《刘敬叔孙通列传》。

六年，高祖每五天拜见太公一次，采用家里父子间相见的礼节。太公的家令劝太公说：“天上没有两个太阳，地上没有两个君主。如今皇上虽然是您的儿子，却是天下人的君主；您太公虽然是皇上的父亲，却是他属下的臣子，怎么可以叫皇上拜见臣子呢！这样做，就会使皇帝失去威严。”【22】后来高祖再朝见太公时，太公就抱着扫帚到门口迎接，一边倒退着走。高祖大吃一惊，赶紧下车来扶太公。太公说：“皇帝是万民之主，怎么能因为我而乱了天下的法度呢！”于是高祖就尊称太公为太上皇，心中赞赏那个家令的进言，赐给他黄金五百斤。

十二月，有人上书报告变乱事件，密告韩信谋反，高祖征求左右亲信大臣的意见，大臣都争着要出兵征讨。高祖采用了陈平的计策。假装去巡游云梦泽，在陈县会见诸侯。楚王韩信前来迎接，高祖趁机将他逮捕。当天，大赦天下。田肯前来祝贺，并向高祖进言说：“陛下逮住了韩信，又在关中建都。关中形势险要，是制胜之地，它隔山阻河，与诸侯各国远隔千里。如果诸侯拥有士兵一百万，那么秦地兵力二万就足以抵挡制胜。凭借这样有利的地势，从此以后对诸侯用兵，那就好像在高屋顶上向瓦沟倒水一样势不可挡。若论齐地，东有物产富饶的琅邪、即墨，南有坚固险峻的东岳泰山，西有黄河的阻隔，北有渤海的鱼盐之利，土地方圆两千里，与诸侯各国也远隔千里，如果诸侯拥有兵力百万，那么在齐地只需其十分之二的兵力，就足以抵挡制胜。由此可见，这两个地区可称为东秦与西秦，不相上下。如果不是陛下的嫡亲子弟，就不可以封为齐王。”高祖说：“好。”赏了他五百斤黄金。

【22】

十多天以后，改封韩信为淮阴侯，将他原来的封地分为两个王国。高祖说将军刘贾屡建战功，封他为荆王，统辖淮河以东地区。又封弟弟刘交为楚王，统辖淮河以西地区。封皇子刘肥为齐王，统辖七十余城，老百姓凡能讲齐国话都归属齐国。高祖于是论功封赏，将符证剖成两半，朝廷与受封王各执一半，以示信用。迁徙韩王信到太原郡。

七年，匈奴在马邑攻击韩王信。韩王信乘机勾结匈奴，在太原谋反。他在白土城的部将曼丘臣、王黄①拥立前赵国将领赵利为王，也反叛朝廷。高祖亲自率军前往镇压。恰好碰上天气严寒，士兵们冻掉手指头的占十分之二三，于是赶到平城。匈奴军队包围了平城，七天之后才撤军离开。高祖叫樊哙留下来平定代地，并立哥哥刘仲②为代王。

二月，高祖从平城出发，经过赵国和洛阳，回到长安。长乐宫已经建成，丞相萧何也已带着僚属迁往长安办事。

八年，高祖又率军东进，在东垣一带围剿韩王信叛军的残部。

丞相萧何主持营建未央宫，修建了东阙、北阙、前殿、武库、太仓。高祖回来，看到宫殿异常壮丽，生气了，对萧何说："天下大动乱，苦战连年，成败尚不明了，为什么修造宫室如此豪华过度呢？"萧何说："正因为天下尚未安定，才可以乘此修造宫殿。天子以四海为家，宫殿不壮丽，就不足以显示威严，而且不可以让后世的建筑规模有可能超过

① 曼丘臣：韩王信的将领。姓曼丘，名臣。王黄：韩王信的部将。
② 刘仲：刘邦的二哥。"仲"是他的排行。立刘仲为代王事在汉六年正月，这里记于七年二月前，疑误。

它。”高祖这才高兴了。

高祖这年前往东垣经过柏人县时，赵相贯高等人阴谋杀害高祖[①]，高祖感到异常，便没有在那里留宿。代王刘仲弃国逃亡[②]，到洛阳自首，高祖取消了他的王位，改封为合阳侯。

九年，赵相贯高等人企图谋杀高祖的事情被发觉了，诛灭了他们的三族。并取消了赵王张敖的王位，改封为宣平侯。这年，高祖将原楚国的昭氏、屈氏、景氏、怀氏和原齐国的田氏[③]等贵族迁到关中。

未央宫落成了。高祖在前殿举行盛大宴会，会见诸侯、群臣。高祖手捧玉杯，起身为太上皇祝福，说："从前大人常认为我没有出息，不会经营产业，不如二哥刘仲那样有能力。如今我成就的产业与二哥相比，究竟谁的多呢？”殿上大臣们都高呼万岁，大笑取乐。

十年十月，淮南王黥布、梁王彭越、燕王卢绾、荆王刘贾、楚王刘交、齐王刘肥、长沙王吴芮都到长乐宫来朝见高祖。春夏两季国内无事。

七月，太上皇在栎阳宫逝世。楚王刘交、梁王彭越都来送葬。下诏赦免栎阳的囚犯，将郦邑改名新丰。

八月，赵相国陈豨（xī）[④]在代地反叛。皇上说："陈

---

① 贯高等人阴谋杀害高祖：赵王张敖是高祖的女婿。高祖先前在平城脱围，路过赵都时，对赵王傲慢无礼。赵相贯高等人气愤不平，请杀高祖，张敖不肯。故贯高等趁高祖再次路过赵地时，在柏人设下伏兵。

② 刘仲弃国逃亡：当时匈奴攻代，代王刘仲不能守，便弃国而逃。刘仲名嘉。

③ 昭、屈、景、怀：都是战国时楚国王族后裔。田氏：战国时齐国王族后裔。高祖采纳刘敬建议，将他们迁入关中，一是充实关中户口，二是避免强宗大族在外地生变，是一种集权措施。

④ 陈豨：随高祖平定燕王臧荼有功，封阳夏侯，监赵、代两国边防部队。

豨曾在我手下做过事，很讲信用。当初我认为代郡是紧要之地，所以封陈豨为列侯，以相国的身份镇守代地，如今他竟然跟王黄等人劫掠代地！但代地的官吏和百姓是无罪的，应当赦免他们。”九月，高祖亲自率军东进，讨伐叛军。军队到达邯郸时，皇上高兴地说：“陈豨不到南边据守邯郸，却凭借漳水来阻击，我知道他是没有什么能耐的。”听说陈豨的部将们原先都是商人，皇上说：“我知道用什么办法来对付他们了。”便用重金去收买陈豨的部将，不少人都来投降。

十一年，高祖在邯郸一带征讨陈豨等人尚未结束，陈豨部将侯敞带了一万多人四处游击，王黄的部队驻在曲逆，陈豨的部将张春率军渡过黄河进攻聊城。汉军派将军郭蒙与齐国的将领分头进击，把他们打得大败。太尉周勃从太原进攻，平定了代地。兵至马邑时，叛军坚守不降，周勃便强攻马邑，将县城打得残破不堪。

陈豨的部将赵利死守东垣，高祖率军进攻，一个多月也未拿下。叛军士兵在城上辱骂高祖，高祖非常生气。后来叛军投降时，高祖便下令将那些辱骂过自己的人斩了，没有骂的就宽恕了他们。随后将赵国恒山以北地区划归代国，立皇子刘恒为代王，建都晋阳。

这年春天，淮阴侯韩信在关中谋反，被灭了三族。夏天，梁王彭越谋反，便取消了他的王位，流放他到蜀地；不久他又想谋反，于是灭了他三族。高祖随后立皇子刘恢为梁王，皇子刘友为淮阴王。秋季七月，淮南王黥布反叛，向东吞并了荆王刘贾的封地，又北渡淮河进攻楚国，楚王刘交逃到薛县。高祖亲自率军前往征讨。立皇子刘长为淮南王。十二年十月，高祖在会甀(kuài zhuì)打垮了黥布的军队，黥布逃走，高祖派将领追击。

高祖从前线回京，路过沛县时，停留下来，在沛宫举行宴会，将家乡老熟人和父老子弟统统请来，纵情痛饮，还挑选了沛县的一百二十名儿童，教他们唱歌。酒兴正浓的时候，高祖弹击着筑[①]唱起自编的歌来："大风起兮云飞扬，威加海内兮归故乡，安得猛士兮守四方！"[②]【23】高祖让儿童们也都跟着学唱。他又跳起舞来，心中感慨万千，激动得淌下行行热泪。他对沛县的父老兄弟们说："远行的游子，总是怀念故乡的。我虽然建都关中，可千秋万岁之后，我的魂魄还会想念着沛地。并且我从做沛公开始，讨伐暴君逆贼，而终于取得天下。现在就将沛县作为我的汤沐邑[③]，免除沛县人民的赋税劳役，让他们世世代代不要纳税服役。"沛县的父老兄弟、婶子大娘和亲戚朋友天天陪着高祖开怀畅饮，笑谈往事，高祖极为高兴。过了十多天，高祖要离开了，沛县的父老乡亲们执意挽留。高祖说："我的随从众多，父兄们负担不起。"于是离开了。这天沛县人倾城而出，都赶到西郊来敬献酒食。高祖又留下来，搭起帐篷，再痛饮了三天。沛县的父老兄弟们都叩头请求说："我们沛县能够有幸免除

---

① 筑：古代的一种弹拨乐器。外形像筝，有十三弦，演奏时左手按弦，右手以竹尺击弦发音。

② "大风起兮云飞扬，威加海内兮归故乡，安得猛士兮守四方！"其大意是：大风卷起啊白云飞扬，皇威普及海内啊我终于衣锦还乡，可又怎么才能招致勇士啊来守卫四方边疆！

③ 汤沐邑：原指古代天子在自己的领地内赐给诸侯以供其朝拜天子时住宿、斋戒、沐浴的封地，后用以称天子、诸侯、皇后、公主等的私邑。

【23】

劳役，丰邑人却没有免除劳役，请陛下可怜他们。”高祖说：“丰邑是我生长的地方，我决不会忘记，我没有免除，只因为先前丰邑人跟着雍齿背叛我而倒向魏王。”沛县的父老兄弟再三请求，高祖才答应照沛县的样子，一并免除。在这时封沛侯刘濞（bì）[①]为吴王。

汉的将领们另在洮水南北分头进击黥布，都使叛军大败，最后在鄱阳将黥布追获斩首。樊哙另率兵平定了代地，斩陈豨于当城。

十一月，高祖从征讨黥布的前线返回长安。十二月，高祖说：“秦始皇、楚隐王陈涉、魏安釐王、齐湣王、赵悼襄王都绝了后代，各拨给十户人家看守坟墓；秦始皇帝拨给二十户，魏公子无忌拨给五户。”代地的官吏、百姓，凡被陈豨、赵利所胁迫而参加叛乱的，一律赦免。陈豨的降将说，陈豨反叛时，燕王卢绾曾派人到陈豨那里，参与了阴谋。高祖派辟阳侯审食其召卢绾来京，卢绾推说有病不来，辟阳侯回来后，详细报告了卢绾谋反的种种迹象。二月，高祖派樊哙、周勃带兵讨伐燕王卢绾，赦免了燕地参与反叛的官吏和百姓。随后立皇子刘建为燕王。

高祖征讨黥布时，曾被乱箭射中受伤，在返回途中病倒了。当病情严重时，吕后请来一位高明的医生，医生进去看了病，高祖问他病情如何，医生说：“陛下的病可以治。”高祖就骂道：“我就凭一个平民的身份提着三尺宝剑取得天

① 刘濞（公元前215年—公元前154年）：刘仲次子。二十岁为骑将，随高祖破黥布有功。高祖为了加强对东南一带的统治，特封他为吴王。景帝时，他反对削夺诸侯封地，发动叛乱，事详见《吴王濞列传》。

下，这不是由于天命吗？人的命运是上天安排的，即使扁鹊来了又有什么用处！”就不要那医生治病，赏给金子五十斤，打发他回去了。不久，吕后问高祖：“陛下百年之后，如果萧相国死了，让谁来接替他呢？”【24】高祖说：“曹参可以。”吕后又问曹参以后哪个合适，皇上说：“王陵可以。不过他憨厚朴实，陈平可以帮助他。陈平才智有余，可是难以独当一面，周勃稳重厚道，缺乏文才，但是安定刘家天下的一定是他，可以让他担任太尉。”吕后再问后面的人选，皇上说：“以后的事情，也不是你所能够知道的了。”

卢绾带着几千人马在边境上等候消息，希望等高祖病愈之后，自己到长安向他请罪。

四月甲辰日，高祖在长乐宫逝世。过了四天还没有发丧。吕后跟审食其商量说：“那些将领们先前同皇帝一样，都是普通老百姓出身，后来他们向皇帝北面称臣，时常为此怏怏不乐，如今却要他们侍奉年轻的新皇帝。不把这帮人统统杀掉，天下就不会太平。”有人听到了这个消息，告诉了郦商将军。郦商去见审食其，说：“我听说皇帝已经驾崩四天了还不发丧，想要诛灭所有的将领。真要这么做，天下就危险了。陈平、灌婴统率着十万大军镇守荥阳，樊哙、周勃统率着二十万大军平定燕地、代地。他们要是听说皇帝驾崩后将领们都遭杀戮，必定联合起来，回军进攻关中。那时候大臣们在朝廷叛乱，诸侯们在外面造反，覆灭的结局就翘足可待[①]了。”审食其进宫将郦商的话告诉了吕后，

① 翘足可待：指可在短时间内实现。翘足，跷起二郎腿。形容时间很短。

【24】

这才于丁未日发丧，大赦天下。

卢绾听说高祖已经驾崩，就逃亡到匈奴去了。

丙寅日，安葬了高帝。己巳日，大臣们拥立太子刘盈为皇帝，随太子来到太上皇庙。大臣们都说："高祖由平民起家，拨乱反正，平定天下，是汉朝的开国皇帝，功劳最高。"上尊号称为高皇帝。太子继承了位号做了皇帝，就是孝惠皇帝。朝廷下令各郡国诸侯都建立高祖庙，每年按时祭祀。

到孝惠帝五年时，皇上想到高祖先前那么想念和喜爱沛县，就把沛宫作为高祖的原庙①，将高祖曾经教唱过的一百二十名儿童全部召集起来，让他们在原庙奏乐唱歌，以后有了缺额，就随时加以补充。

高祖有八个儿子：庶出的长子是齐悼惠王刘肥；次子孝惠帝，是吕后的儿子；三子赵隐王刘如意，是戚夫人的儿子；四子代王刘恒，后来被立为孝文皇帝，是薄太后的儿子；五子梁王刘恢，吕太后当政时迁为赵共王；六子淮阳王刘友，吕太后时迁为赵幽王；七子淮南厉王刘长；八子燕王刘建。【25】

太史公说：夏代的政治质朴厚道，质朴厚道的弊病在于使老百姓粗野少礼，所以殷人便用恭敬威严来继承它。恭敬威严的弊病在于使老百姓迷信鬼神，所以周人便用讲究礼仪来继承它。讲究礼仪的弊病，又在于使老百姓虚伪不诚，因此，要补救虚伪不诚弊病的办法莫过于提倡质朴厚道。这样看来，

---

① 原庙：即第二宗庙。因已在长安立庙，这里又立，所以称之为"原庙"。

【25】

夏、商、周三代治理国家的原则似乎是循环往复，终而复始的。从周朝到秦朝之间，可以说弊病就出在讲究礼仪上。秦朝的政治没有改变这一弊病，反而严酷地使用刑法，这难道不荒谬吗？所以汉朝兴起之后，虽承受了前朝的弊政却能加以改变，使老百姓得以休养生息不致倦怠，这是合乎天地人间的自然生存规律的。朝廷规定每年的十月，诸侯王来京朝见皇帝，又规定皇帝乘坐的车驾，用黄色的丝绸做顶篷，将牦牛尾或野鸡尾插在车驾左边作装饰。将高祖安葬在长陵。

知识拓展

安堵如故

释义：像原来一样相安无事。

出处：《史记·高祖本纪》：“余悉除去秦法。诸吏人皆案堵如故。”

约法三章

释义：泛指订立简单的条款，以资遵守。

出处：《史记·高祖本纪》：“与父老约法三章耳：杀人者死，伤人及盗抵罪。”

运筹帷幄

释义：在帷幕之中指挥、谋划。后泛指策划机要。

出处：《史记·高祖本纪》：“夫运筹策帷帐之中，决胜于千里之外，吾不如子房。”

《史记·太史公自序》：“运筹帷幄之中，制胜于无形，子房计谋其事，无知名，无勇功，图难于易，为大于细。”

高屋建瓴

释义：把瓶子里的水从高层顶上倾倒。比喻居高临下的形势。

出处：《史记·高祖本纪》：“地势便利，其以下兵于诸侯，譬犹居高屋之上建瓴水也。”

知识拓展

百二河山

释义：指山河险固，可以二敌百。后指国力强盛，边防稳固的国家。

出处：《史记·高祖本纪》：“秦，形胜之国，带河山之险，县隔千里，持戟百万，秦得百二焉。”

不治生产

释义：指不注意或无暇料理自己的生计。

出处：《史记·高祖本纪》：“常有大度，不事家人生产作业。”

长揖不拜

释义：对长者或尊者只弯腰行拱手礼，不跪拜磕头。旧时指相见时态度不恭，为人高傲。

出处：《史记·高祖本纪》：“沛公方踞床，使两女子洗足。郦生不拜，长揖，曰：‘足下必欲诛无道秦，不宜踞见长者。’”

重厚少文

释义：持重敦厚而少于文饰。

出处：《史记·高祖本纪》：“问其次，上曰：‘王陵可。然陵少戆，陈平可以助之。陈平智有余，然难以独任。周勃重厚少文，然安刘氏者必勃也，可令为太尉。’”

史记卷九

吕太后本纪

扫描二维码
阅读本篇原文

吕太后　惠帝　戚姬　赵王如意　周勃　灌婴

吕太后①是汉高祖刘邦当初地位还很卑贱时所娶的妻子，她生下了惠帝刘盈和女儿鲁元公主。到刘邦做了汉王以后，又娶了定陶的戚夫人，刘邦非常宠爱她。戚夫人生下了赵隐王刘如意。惠帝刘盈为人仁慈软弱，高祖认为他不像自己，常常想废掉他的太子地位。高祖认为戚夫人的儿子刘如意像自己，就想把如意立为太子。戚夫人受到高祖的宠爱，经常跟随他到关东作战，时常从早到晚地在高祖面前哭泣，巴望高祖能立她的儿子为太子。吕后年纪大了，时常留守在家，很少能见到高祖，因而和高祖越来越疏远了。刘如意被立为赵王之后，曾经有几次差点取代了刘盈的太子地位。多亏大臣们在高祖面前竭力劝阻争取，再加上采用了留侯张良的计策②，刘盈的太子地位才没有被废掉。

吕后为人性格刚毅，曾经协助高祖刘邦平定天下。灭杀大臣的事，也多得力于她。吕后的两个哥哥，都是高祖的部将。大哥周吕侯吕泽死在战事中，他的儿子吕台被封为郦侯，

---

① 吕太后（公元前 241 年—公元前 180 年）：即吕雉，字娥姁（xū）。儿子刘盈即位后，她为皇太后。

② 张良的计策：张良曾在吕后的一再要求下，建议太子刘盈设法请来高祖一直招而不来的四皓，从而使高祖改变主意，不再废太子刘盈而另立赵王如意了。事详见《留侯世家》。

【26】

吕产被封为交侯[①]；二哥吕释之被封为建成侯。

汉高祖十二年（公元前 195 年）四月二十五日，高祖刘邦在长乐宫逝世。太子刘盈继承位号，做了皇帝。当时高祖有八个儿子：长子刘肥是惠帝的异母兄长，被封为齐王；其余的都是惠帝刘盈的弟弟，戚夫人的儿子刘如意被封为赵王，薄夫人[②]的儿子刘恒被封为代王，其他妃嫔所生的儿子，刘恢被封为梁王，刘友被封为淮阳王，刘长被封为淮南王，刘建被封为燕王。高祖的异母弟弟刘交被封为楚王，高祖二哥刘仲的儿子刘濞被封为吴王。不是刘姓而被封王的有功之臣番君吴芮的儿子吴臣，为长沙王。

吕后最忌恨戚夫人和她的儿子赵王刘如意，就命令部下将戚夫人囚禁在永巷[③]，同时派人去召赵王来京。【26】使者去了好几次，也没能召来。赵王的丞相建平侯周昌[④]对使者说："高祖皇帝把赵王托付给我，赵王现在还年幼，听说吕太后痛恨戚夫人，要把赵王召去一起杀掉，我不敢让赵王去送死。况且赵王也还有病，不能奉承诏书前往。"吕后知道了非常恼怒，就派人去召周昌。周昌应召来到长安后，吕后就又派人去召赵王。惠帝很仁慈，知道太后恼

---

① 交侯：一作"姣侯"。

② 薄夫人：刘邦的妃嫔。生下儿子刘恒，即孝文帝。刘恒即皇帝位后，尊她为皇太后。

③ 永巷：永巷令的省称。永巷原来是宫女住的地方，因室室相连，排列如街巷而得名。后也用来幽禁有罪的妃嫔，并设长、丞等官吏掌管。

④ 周昌（？—约公元前 191 年）：刘邦同乡，随刘邦起兵反秦，先后任中尉、御史大夫等，封汾阴侯。事详见《张丞相列传》。本传和《汉书》都不见有封建平侯之事。这里称"建平侯周昌"，大概是误称。

【27】

恨赵王，就趁赵王已经上路，但还未到达京城时，亲自到霸上去迎接，和赵王一同进宫，一同起居饮食，亲自保护赵王。吕太后虽然想杀赵王，却一直得不到下手的机会。惠帝元年（公元前194年）十二月，一天清晨，惠帝出去射箭，赵王还小，不能早早地起来和惠帝一同去。吕后打听到赵王独自在家，就派人拿去鸩酒让他喝了。等到天亮惠帝赶回来时，赵王已被毒死。【27】于是便将淮阳王刘友迁为赵王。这年夏天，下诏追封郦侯吕台的父亲吕泽为令武侯。吕后随后叫人砍断了戚夫人的手脚，挖去了她的眼睛，烧聋了她的耳朵，还给她灌了使人变哑的药，把她丢在厕所里，管她叫"人彘"。过了几天，吕后叫惠帝去观看"人彘"。惠帝看了，一问，才知道这就是戚夫人，便放声大哭，从此病倒，一年多不能起来。惠帝派人去对吕太后说："这不是人干的事。我作为太后的儿子，是没有脸面再来治理天下了。"从此，惠帝沉湎于酒色之中，不问朝政，因而患病。

惠帝二年（公元前193年），楚元王刘交、齐悼惠王刘肥都来京都长安朝见。十月的一天，惠帝与齐王在吕太后面前设宴饮酒，惠帝因为齐王是自己的兄长，就按家庭的礼节，请他坐在上座。吕后看了很生气，就命令人倒了两杯鸩酒，摆在齐王面前，叫齐王站起来饮酒为她祝福。齐王站起来的时候，惠帝也跟着站了起来，端起酒杯，打算一起向吕太后祝福。太后这才害怕了，赶忙起身打翻了惠帝手上的酒杯。齐王觉得很蹊跷，便没敢喝这杯酒，装着喝醉了的样子离席而去。【28】后来向人打听，才知道那是鸩酒。齐王很害

【28】

怕，自以为不能从长安脱身，非常忧愁。齐国有个叫士的内史[①]劝齐王说："太后只有惠帝和鲁元公主，现在大王您拥有七十多座封城，而鲁元公主才几座食邑[②]。如果大王您能够将一个郡的封地献给太后，作为鲁元公主的汤沐邑，太后心里必然高兴，那么您也就可以无忧无虑了。"于是齐王便向太后献上城阳郡，并尊称鲁元公主为王太后[③]。吕后高兴地接受了，就在齐王的官邸摆起酒宴，欢乐地痛饮了一场，让齐王回国了。惠帝三年（公元前 192 年），开始动工修建长安城，到惠帝四年，工程完成了一半，中间经过五年到惠帝六年时最后竣工。诸侯们都在这年的岁首十月进京朝见了皇上。

惠帝七年（公元前 188 年）秋季的八月戊寅日，惠帝逝世。发丧期间，吕太后只是干哭，没流眼泪。留侯张良的儿子张辟彊（qiáng）当时担任侍中[④]，年纪才十五岁，对左丞相陈平说："太后只有惠帝这么一个儿子，如今去世了，她却干哭而不悲痛，您知道其中的缘故吗？"陈平问："什么缘故？"张辟彊说："这是因为皇帝没有年龄较大的儿子，太后害怕你们这群大臣。如果丞相提请太后升吕台、吕产、吕禄为将军，统辖南北两军[⑤]，并且让吕家的人都入宫做事，执掌大权，

① 内史：官名。治理京师及其附近的高级官员，相当于后来的京兆尹。汉初诸侯国在丞相之下，也设内史，掌管民政。

② 食邑：即封地。受封地的人靠收封地的赋税生活，所以叫食邑，也叫采邑。

③ 尊称鲁元公主为王太后：齐王与鲁元公主为异母兄妹，按理不应以母礼待她，尊称鲁元公主为王太后，刘肥违背常理这么做，是为了讨好吕太后。

④ 侍中：官名。侍从于皇帝左右，以备参谋顾问之用。

⑤ 南北两军：西汉时京城长安和皇宫的卫戍部队。因分驻在京城南北，所以称南军和北军。

这样太后才会心安，你们也才有幸逃脱祸患。”丞相陈平就按照张辟彊说的办法做了，太后果然很满意，这下她哭起来才显得哀痛了。吕氏家族掌握朝廷大权，就从此开始了。与此同时朝廷大赦天下。九月辛丑日，安葬了惠帝，太子登位作了皇帝，随后朝拜了高祖庙。少帝元年（公元前 187 年）①，朝廷所发布的号令，一概出自吕太后。

吕太后行使皇帝的大权以后，就召集大臣们商议，打算封吕姓的人为王，便问右丞相王陵②。王陵说：“高祖皇帝曾经宰杀白马，与大臣们订下盟约：‘今后凡不是刘姓子弟而称王的，天下的人可以共同起来杀灭他。’现在如果封吕姓的人为王，这是违背高帝盟约的。”吕后听了不高兴。又问左丞相陈平和绛侯周勃。周勃等人回答说：“从前高帝平定天下，封自己子弟为王；如今太后行使皇帝的职权，封自己的兄弟同姓为王，这没有什么不可以的。”吕太后听了很高兴，于是散朝。王陵责备陈平、周勃说：“当初与高祖皇帝歃血为盟时，难道你们不在场吗？现在高祖皇帝逝世了，太后作为国家女主人想要封自己的同姓子弟为王，你们却纵容太后的私欲，阿谀逢迎，违背当初的盟约，将来你们还有什么脸面到地下去见高帝？”陈平、周勃说：“眼下当面抵制，当廷直谏，我们不如你；至于保全大汉江山，安定刘家天下，恐怕你就不如我们了。”王陵无话可答。

---

① 少帝元年：也就是高后元年。

② 王陵（？—公元前 181 年）：刘邦同乡。在陈胜起义后，他聚众数千人在南阳起兵反秦。楚汉战争时归附刘邦，曾先后被封为襄侯、安国侯，继曹参之后担任右丞相。

十一月，吕太后打算罢免王陵，就授予王陵任皇帝的太傅①，夺去了他右丞相的职权。随后王陵便借称有病免职回家了。吕太后就任命左丞相陈平为右丞相，辟阳侯审食其为左丞相。但审食其不必处理左丞相权限以内的事情，而监管宫中事务，如同郎中令一样。审食其因而有机会经常接近吕太后，很得太后宠信，常常决断国事，公卿大臣们处理政务也都通过他来决定。接着，吕太后又追尊郦侯吕台的父亲吕泽为悼武王，想以此作为分封吕姓人为王的开端。

到了四月，吕太后准备封吕姓家的人为侯了，就先封高祖的功臣郎中令冯无择②为博城侯。鲁元公主逝世了，吕后赐给她鲁元太后的谥号，封她的儿子张偃为鲁王。张偃的父亲就是宣平侯张敖，又封齐悼惠王刘肥的儿子刘章为朱虚侯，将吕禄的女儿嫁给他做妻子；封齐悼惠王的丞相齐寿为平定侯；封少府阳成延③为梧侯。接着便封吕后二哥建成侯吕释之的儿子吕种为沛侯，妹妹吕媭的儿子吕平为扶柳侯，骑将张越人的儿子张买为南宫侯。

吕太后又想封吕姓子弟为王了，便先封惠帝后宫妃嫔所生的儿子刘彊为淮阳王，刘不疑为常山王，刘山为襄城侯，刘朝为轵侯，刘武为壶关侯。吕太后暗示大臣们提议封吕姓子弟为王，大臣们便提请封郦侯吕台为吕王，太后同意了。

---

① 太傅：官名。职掌辅导君主施行政教。原本为周初“三公”（太师、太傅、太保）之一，地位非常尊贵。汉代沿用此职，但大多有职无权。吕后升王陵为太傅，用意在夺取他的相权。

② 冯无择：跟随刘邦起兵，力战有功，特别在荥阳之役中，曾保护吕后长兄吕泽杀出重围。后因诸吕事件牵连被杀。

③ 阳成延：军匠出身，因参加营建长乐宫、未央宫和长安城有功被封。

建成侯吕释之去世，继承侯位的儿子因为有罪被废黜，就改封他的弟弟吕禄为胡陵侯，以继续建成侯的后代。少帝二年（公元前 186 年），常山王去世，吕后把他的弟弟襄城侯刘山封为常山王，改名刘义。十一月，吕王吕台去世，谥号为肃王，他的儿子吕嘉便接替登位做了王。少帝三年（公元前 185 年），国家无事。四年（公元前 184 年），封吕嬃为临光侯[①]，吕他为俞侯，吕更始为赘其侯，吕忿为吕城侯[②]，又封了各位王的五名丞相为侯。

宣平侯的女儿当孝惠皇后时，一直没有生儿子。后来假装怀了孕，把后宫妃嫔生的一个婴儿抱来冒充自己所生，杀了婴儿的生母，立他为太子。惠帝逝世后，这个太子被立为皇帝。后来他稍微懂事了，偶然知道了他的生母已被杀死，自己并不是张皇后的亲生儿子，就口出怨言说："皇后怎么能杀死我的母亲而把我当作她的儿子呢？我现在还小，等长大了，就要报仇雪恨。"吕太后知道这事后非常担心，害怕他将来制造变乱，就把他秘密囚禁在永巷中，扬言说皇帝得了重病，使左右大臣们都不能见到他。吕太后说："凡是拥有天下治理万民的人，他必须能像上天一样覆盖万物，像大地一样容载万物，皇帝要能够以欢愉仁爱之心去安抚百姓，百姓才能高高兴兴地来侍奉皇帝，这样上下心情舒畅，感情融洽，天下才能大治。如今皇帝久病不愈，以至神志失常，不能继承帝位事奉宗庙祭祀，不能把天下托付给他，应该另找人代替他。"大臣们都叩头说：

① 吕嬃：吕后的妹妹，樊哙的妻子。历史上女人被封侯的，从她开始。
② 吕更始、吕忿：都是吕后的侄子。

“皇太后为了天下百姓，对安定宗庙社稷，考虑得这样深远，我们应该俯首听命。”于是太后便废了皇帝，并暗地里将他杀死。五月丙辰日，立常山王刘义为皇帝，改名刘弘。之所以不再改称元年，是因为太后一直就在行使皇帝的职权。改封轵侯刘朝为常山王。设置太尉[①]一职，任命绛侯周勃为太尉。五年（公元前 183 年）八月，淮阳王去世，吕后把他的弟弟壶关侯刘武改封为淮阳王。六年十月，吕太后说吕嘉作风骄横跋扈，废黜了他，把肃王吕台的弟弟吕产封为吕王。夏天，朝廷大赦天下，封齐悼惠王的儿子刘兴居为东牟侯。

七年（公元前 181 年）正月，吕太后召赵王刘友回京。刘友的王后是吕家的女儿，刘友不喜欢她，而喜欢其他姬妾。吕家女儿很嫉恨，恼怒而去，在吕太后面前诽谤刘友有谋反之罪，诬蔑刘友说过这样的话：“吕姓怎么能封王！等太后百年之后，我一定要除灭他们。”太后听了大怒，因此召赵王来京。赵王来到京城后，吕太后把他晾在官邸不予接见，并命令卫队将他围困起来，不给饭吃。赵王的臣下有暗中送饭的，一经发现，就逮捕问罪。赵王饿了，就作了一首歌，唱道：

“诸吕专权啊，刘氏临危；胁迫王侯啊，强授我妃。我妃嫉妒啊，诬我以罪；谗女乱国啊，上竟不知。我无忠臣啊，何故失国？自杀于野啊，苍天公断！不早自裁啊，后悔莫及；为王饿死啊，有谁怜惜！吕氏绝理啊，托天报仇。”丁丑日，

---

① 太尉：官名。西汉时为全国最高军事长官，与丞相、御史大夫合称“三公”。汉初，这一官职时设时废。

赵王被囚禁饿死，随后按平民的葬礼，将他埋葬在长安城外百姓坟墓的旁边。

己丑日，出现日食，白天天色昏暗。吕后心中恼恨，闷闷不乐，对身边的人说：“这是冲着我来的。”

二月，将梁王刘恢改为赵王。吕王吕产改封为梁王，但梁王不去封国，留在朝廷担任皇帝的太傅。又封皇子平昌侯刘太为吕王，将梁国改名叫吕国，将原先的吕国改名为济川国。太后的妹妹吕媭有个女儿嫁给了营陵侯刘泽为妻，刘泽当时任大将军。吕太后封吕姓家人为王，担心将来自己死后刘泽作乱，就封刘泽为琅邪王，来安他的心。

梁王刘恢被迁为赵王后，心里很不高兴。吕太后就将吕产的女儿嫁给他做王后。王后的随从官员都是吕家的人，他们专横独断，暗中监视赵王，使赵王行动不能自由行动。赵王有了宠爱的姬妾，王后就让人用鸩酒毒死。赵王便作了四首歌，让乐工们歌唱。赵王悲痛，到六月间就自杀了。太后听说这事后，认为赵王为了女人而背弃祖宗的礼教，就下令废除了他后代的王位继承权。

宣平侯张敖去世，吕太后把他的儿子张偃封为鲁王，赐给张敖鲁元王的谥号。

秋天，吕太后派使者告诉代王，打算封他为赵王。代王辞谢不受，表示愿意为朝廷守卫代国的边境。

太傅吕产、丞相陈平等人提议，武信侯吕禄①在列侯中等

---

① 武信侯吕禄：吕禄已于高后元年被改封为胡陵侯，这里称“武信侯”，想是中间曾有改封之事。

级名列第一，请立为赵王。太后同意了，并追尊吕禄的父亲康侯为赵昭王。九月，燕灵王刘建去世，他有个姬妾生的儿子，吕太后派人把他杀了，绝了刘建的后代，封国因而被废除。八年十月，封吕肃王的儿子东平侯吕通为燕王，封吕通的弟弟吕庄为东平侯。

三月中旬吕太后举行祓（fú）祭[1]回来，路过轵道亭时，看见有个黑狗一样的东西撞到自己腋下，忽然之间不见了。叫人占卜，说是赵王如意的阴魂在作怪。从此，吕太后腋下疼痛，生起病来。

吕太后因为外孙鲁王张偃年幼，又很早失去父母，势力孤弱，就封张敖先前姬妾生的儿子张侈为新都侯[2]，张寿为乐昌侯，以便辅助鲁王张偃。又封大谒者[3]张释为建陵侯，吕荣为祝兹侯。宫中担任令、丞职务的封为关内侯，赐给食邑五百户。

七月中旬，吕太后病势严重，就任命赵王吕禄为上将军，统管北军；吕王吕产则掌管南军。她告诫吕产、吕禄说："高祖皇帝平定天下之后，曾与大臣们订立盟约，说是'凡不是刘姓子弟而为王的，全天下的人可以共同起来攻击他'。如今吕家的人被封为王，大臣们心中不平。我如果逝世，皇帝还年轻，大臣们恐怕会作乱。你们务必要掌握兵权，保卫皇宫，千万不要为我送丧，不要被人家所控制。"【29】辛巳日，

---

① 祓祭：古代为除灾去邪而举行的一种祭礼。一般于夏历正月、三月在宗庙、社坛或水边举行。

② 新都：《惠景间侯者年表》作"信都"。古代"新""信"二字，同音假意。

③ 大谒者：官名。掌管为皇帝接收文件，传达诏令，接待宾客等事宜。

【29】

吕太后逝世，留下诏书，赐给各侯王每人黄金一千斤，将、相、列侯、郎吏等各级官员都按位次赐给黄金，并命令大赦天下。用吕王吕产作相国，把吕禄的女儿封为皇后。

吕太后安葬以后，由丞相审食其担任皇帝的太傅。

朱虚侯刘章很有气魄和能力，东牟侯刘兴居是他的弟弟，他俩都是齐哀王刘襄的弟弟，住在长安。当时吕姓家族独揽朝政，阴谋作乱，因为害怕高祖皇帝刘邦的老臣周勃、灌婴等人，没敢发动。刘章的妻子是吕禄的女儿，刘章因此察知了吕姓家族的阴谋。他怕自己被杀，就秘密地派人去告诉了他的哥哥齐哀王，想要让他发兵西进，杀掉诸吕而自立为帝。他自己则打算在朝中发动大臣们做内应。齐哀王准备发兵，可他的丞相不依从。八月丙午日，齐哀王派人要去杀掉丞相，丞相召平于是反叛，要起兵围攻齐哀王，齐哀王于是杀了召平，随即发兵东进，用计夺取了琅邪王的军队，然后将两军合并起来，统率着向西进发。有关这件事的详细情形，都记载在《齐悼惠王世家》中。

齐哀王写信给各位侯王说："高祖皇帝平定天下后，分封自己的子弟为王，齐悼惠王被封在齐国。悼惠王去世后，孝惠皇帝派留侯张良立我为齐王。孝惠皇帝逝世，吕太后执掌朝政，她年纪老了，凡事都要听从诸吕的。他们擅自废帝另立，接连杀害了三个赵王，废除了梁、赵、燕三个刘氏封国，而分封给诸吕为王，把齐国一分为四。凡是忠臣进言劝阻，太后都因被诸吕迷惑而不予理睬。如今吕太后逝世，皇帝年纪很小，不能治理天下，本应该依靠大臣和诸侯。可是诸吕却利用职权，擅自升官，聚兵逞威，胁迫列侯和忠臣，并假传圣旨，号令天下，因而危及刘姓宗庙的存在。我这次率军入朝，就是要除灭那些不应该称王的人。”朝廷闻讯后，相国吕产等人就派遣颍阴侯灌婴率军去迎击齐哀王。灌婴到达荥阳后，就和将士们商议说：“诸吕把持兵权，控制关中，企图颠覆刘氏天下，自己登位。现在我要是打败齐军去回报，就会助长吕家的势力。”于是将军队留驻在荥阳，并派使者去告诉齐王和各路诸侯，希望与他们联合起来，等到诸吕发动变乱，就共同起来除灭他们。齐哀王得到通报后，便领兵返回齐国西部边界，以等待时机，照约定行事。

吕禄、吕产准备在关中发动叛乱，但是内怕周勃、刘章等人，外怕齐、楚等国军队，又担心灌婴背叛吕氏，想等到灌婴的军队与齐兵交战之后再发动政变，一时还在犹豫不决。当时，名义上是少帝弟弟的济川王刘太、淮阳王刘武、常山王刘朝，以及吕太后的外孙鲁王张偃，都因年纪还小，没法去封国，住在长安；赵王吕禄、梁王吕产则分别统领着京城卫戍部队南北两军，这些人都是吕家的人。朝廷的列侯、大臣们都感到自身难保。

太尉绛侯周勃不能进入军营执掌兵权。曲周侯郦商年老有病，他的儿子郦寄和吕禄要好。周勃便和丞相陈平商议，派人去挟持郦商，要他让他儿子郦寄去欺骗吕禄说：“高祖皇帝与吕太后一起平定天下，刘家所立的九个王，吕家所立的三个王，都是根据大臣们的提议决定的，这事已经通告诸侯，诸侯们都认为这样做合适。如今太后逝世了，皇帝年轻，您佩着赵王的印信，不赶紧回国守卫封地，却以上将军的身份留驻长安，这就难免要被大臣和诸侯们怀疑了。你何不交出将军印信，把军队归还给太尉呢？同时也请梁王交出相国印信，与大臣们订立盟约，回到自己的封国去，这样齐王必然罢兵，大臣们情绪安定，你们也就可以高枕无忧地去担任方圆千里的封国国王了，这是千秋万代的功利呀。”吕禄相信了郦寄的主意，打算交出将军印信，把军队交给太尉。并派人将这事报告吕产和吕家的各位老人，他们有的认为这样做有利，有的则认为不利，大家意见不一，犹豫未决。吕禄相信郦寄，时常和他一起出外游玩打猎。一次，他去看望姑母吕媭，吕媭十分生气地说：“你身为将军而放弃军队，我们吕家今天无地可容了。”于是将家里的珠玉珍宝统统扔到院子里，说：“不要再替别人收藏这些。”

左丞相审食其被免职。

八月庚申日早晨，代理御史大夫职务的平阳侯曹窋[①]，前来会见相国吕产商议政事。赶上郎中令贾寿的使者从齐国回来，责怪吕产说：“大王不早些回到封国，如今即使想走，还走得了吗？”接着就把灌婴与齐、楚联合，准备除灭诸吕的事全告诉了吕产，催促吕产赶紧进宫。曹窋听到这些话后，立即跑去告诉了丞相陈平和太尉周勃。周勃想进入北军，可是进不去。襄平侯纪通主管符节，周勃就叫纪通带着符节，假传皇帝诏令，要北军接纳太尉。周勃又派郦寄和典客刘揭先去劝吕禄说：“皇上令太尉统辖北军，让你回到封国去，你得赶快交出将军印信，离开这里，不然大祸就要临头了。”

① 平阳侯曹窋：曹参的儿子，沿袭父爵为平阳侯。

吕禄以为郦寄不会欺骗自己，便解下将军印交给典客刘揭，将兵权交给了太尉。周勃带着将印，进入北军军门后，马上通令全军说：“拥护吕氏的袒露右臂，拥护刘氏的袒露左臂。”结果全军将士都袒露左臂，表示拥护刘氏。原来，当周勃快到北军时，吕禄已交出将印离开了军营，周勃就这样控制了北军。

然而南军还在吕氏手里。平阳侯曹窋知道吕产的阴谋后，将此事告诉了陈平。陈平便找来朱虚侯刘章，让他协助太尉周勃。周勃让刘章监守军门，并命令曹窋通知卫尉：“不许让相国吕产进入殿门。”吕产不知道吕禄已经离开北军，依然进入未央宫准备发动叛乱，却进不了殿门，在那里徘徊不定。曹窋怕不能取胜，便跑去报告太尉周勃。周勃还担心敌不过诸吕，没敢公开说要杀吕产，就派刘章进宫，对他说：“你赶紧到宫中去保卫皇帝。”刘章要求带兵前去，周勃拨给他一千人。刘章带兵进入未央宫门后，便在宫中发现了吕产。傍晚时分，刘章向吕产发动攻击，吕产逃跑了。这时狂风大作，使得吕产的随从官员们一片混乱，无人敢于交战。刘章率兵紧追吕产，把他杀死在郎中令官府的厕所里。

刘章杀掉吕产后，皇帝派谒者带着符节前来慰问他。刘章要夺走符节，谒者不肯，刘章就跟着谒者一道乘车，凭借谒者的符节，跑去斩了长乐宫卫尉吕更始，然后赶回北军向周勃报告。周勃忙起身向刘章道贺说：“我们所担心的就只有吕产，现在已被杀掉，大局就定了。”随即派人分头将诸吕的男男女女，统统捉拿，不论老少，一律杀掉。辛酉日，又将吕禄捕获斩首，将吕媭用鞭杖打死。另外派人去杀了燕王吕通，废了鲁王张偃。壬戌日，朝廷恢复了左丞相审食其的职务。戊辰日，将济川王迁为梁王，立赵幽王的儿子刘遂为赵王。又派刘章将诛灭诸吕的事通知齐王，让他撤兵。灌婴也从荥阳撤兵回京。

朝廷的大臣们在一起秘密谋划说："少帝和梁王、淮阳王、常山王都不是孝惠皇帝的真儿子，吕太后采用欺诈的手段，将别人的儿子拿来冒名顶替，然后杀死他们的生母，把他们放在后宫抚养，再叫孝惠帝认他们做儿子，立为自己的继承人，或封为诸侯王，以加强吕氏的势力。现在我们把诸吕都杀掉了，如果让他们留下来，等到他们长大当了权，我们这群人就要灭族了。不如趁着现在，选择一位最贤明的诸侯王立为皇帝。"有人说："齐悼惠王是高帝的长子，现在他的嫡子为齐王，从血统本源上来说，现在的齐王刘襄算是高祖皇帝的嫡亲长孙，可以立为皇帝。"大臣们都说："吕氏就是仗着外家的身份作恶的，他们差点毁灭了刘家天下，害尽了名将功臣。如今齐王外祖母家姓驷的，有个驷钧，是个恶人，如果立齐王为帝，那就等于又出了一个吕家。"大家想立淮南王刘长，又觉得他年纪小，外祖母家也凶恶。最后大臣们才商定："代王是如今高帝最大的儿子，为人仁爱孝顺，宽容忠厚。太后薄夫人娘家为人谨慎善良。况且立长子为帝本来名正言顺，加上代王本人又以仁爱孝顺闻名天下，立他为帝最合适。"于是便一起秘密派人去迎接代王。代王派人推辞谢绝。使者再次去迎接，代王才乘着六马驿车动身进京。闰九月月底己酉日，到达长安，住在代王驻京的官邸里。大臣们都前来拜见，捧着天子的玉玺献给代王，一

【30】

致尊代王为天子。代王多次推让，群臣坚决恳请，最后代王才答应。【30】

东牟侯刘兴居说："诛灭吕氏我没有功劳，现在就请让我去清理皇宫吧。"于是他便和太仆汝阴侯夏侯婴进宫，上前对少帝说："你不是刘家的后代，不应当立为皇帝。"随即回头挥手示意，叫少帝左右的卫士放下武器离开。有几个人不肯，宦者令张泽将情况说明，他们也就服从了。夏侯婴就叫来车子，载着少帝出了皇宫。少帝问："你们要把我弄到哪里去呀？"夏侯婴说："到宫外去。"就让少帝住在少府。然后用天子车驾，到代王宫邸去迎接代王，向他报告说："宫室已认真清除干净。"代王当晚便进入未央宫。有十名谒者持戟而立，守住端门，喝问："天子还在，你进宫是干什么的？"代王就跟太尉打招呼，太尉前去说明，这十名谒者就放下武器离开了。代王于是进宫开始执政。当天晚上，有关官员分头到梁王、淮阳王、常山王和少帝的官邸将他们杀了。

代王被立为天子，在位二十三年后逝世，谥号为孝文皇帝。

太史公说：孝惠皇帝和吕太后在位时，人民得以脱离战国时期的苦难，君臣上下都希望在"无为"的指导方针下休养生息，所以惠帝垂衣拱手，安闲而治，女主吕太后代行皇帝职权，发号施令不出门户，而天下却安然无事。刑法很少使用，而罪犯却很稀少。老百姓一心务农，也就丰衣足食了。

知识拓展

不左右袒

释义：露左臂表示支持某一方面，露右臂表示支持另一方面。指不偏向任何一方。

出处：《史记·吕太后本纪》："太尉将之入军门，行令军中曰：'为吕氏右袒，为刘氏左袒。'"

九卿（秦至西汉初）

奉常：掌管宗庙祭祀礼仪事务，兼管博士的选拔，位列九卿之首，地位十分崇高，后改称“太常”。

郎中令：掌管守卫宫门及管理内廷事务，皇帝的高级侍从官，后改称“光禄勋”；

卫尉：掌管宫廷防卫事务；

太仆：掌皇帝的舆马和马政；

廷尉：掌管诏狱和修订律令的有关事宜，属官有正和左、右二监；

典客：掌管诸侯及国内少数民族事务，后改称为“大行令”“大鸿胪”；

宗正：掌管皇族的有关事务，一般由皇族成员担任；

治粟内史：掌管粮饷的事务，后改称“大农令”“大司农”；

少府：掌管皇室私财和生活事务，其职掌主要分两方面：一是负责征课山海池泽之税和收藏地方贡献，以备宫廷之用；二是负责宫廷所有衣食起居、游猎玩好等需要的供给和服务。

史记卷十

孝文本纪

扫描二维码
阅读本篇原文

孝文皇帝　周勃　宋昌　张武　灌婴　刘兴居　张苍　孝景皇帝

孝文皇帝①是汉高祖刘邦的排行居中的儿子。汉高祖十一年（公元前 196 年）春天，在击败了陈豨叛军、平定了代国之后，孝文皇帝被立为代王，建都在中都。他是薄太后的儿子，他做代王的第十七年，即是高后八年（公元前 180 年）七月，高后去世。九月份，以吕产为首的吕氏家族阴谋叛乱，妄想夺取刘氏的天下。大臣们同心协力，共同诛灭了吕氏家族的叛乱，商议立代王为皇帝，有关此事的详细情况都记在《吕太后本纪》中。

丞相陈平、太尉周勃等派人迎接代王。代王向左右大臣和郎中令张武等人征求意见。张武等人议论道："朝廷的大臣都是已故汉高祖时期的大将，善于用兵，惯使诈谋。他们不满足于像现在这样当一个大臣，但又畏惧高祖和吕太后的威势。现在诛灭了吕氏家族，血染京城。现在以迎接大王为名，实在不可轻信。希望大王假称有病，不要前往，以便观察事态的变化。"中尉宋昌②进言说："诸位大臣的看法都不对。

① 孝文皇帝（公元前 202 年—公元前 157 年）：即汉文帝刘恒，高祖时期被封为代王。在位二十三年，提倡农耕，免农田税达十二年，主张清静无为，使百姓休养生息，使全国经济发展、政治稳定，在历史上，与汉景帝并称为"文景之治"。

② 宋昌：楚将宋义的孙子，后随刘邦起兵反秦，汉文帝时被封为壮武侯。

当秦末朝政腐败的时候，各诸侯和各地英雄豪杰同时起事，自以为能得天下的人数以万计，然而登上天子宝座的只有刘氏而非他人，天下豪杰都断绝了做皇帝的念头，这是其一。高帝封子弟为王，封地犬牙交错，使其互相牵制，这就是所谓的坚如磐石的宗族，普天下对刘氏的强大无不信服，这是其二。汉朝建立以来，废除了秦朝的苛政，制订法令，施行恩德，人人过着安居乐业的生活，人心难以动摇，这是其三。后来，借助吕太后的威严，给吕氏的人封了三个王。他们把持政权，独断专行，然而，周太尉仅凭着一枚符节进入北军，一声召唤，将士们都袒露左臂，表示效忠刘氏而背弃吕氏家族，终于消灭吕氏，这是天意，并非人力。现在虽然大臣们想作乱，但百姓不会受他们的利用，他们的党羽又哪能一心一意跟随他们呢？如今在内他们害怕朱虚侯、东牟侯这群亲族，在外他们又害怕吴、楚、淮南、琅邪、齐、代等强国。而今高帝的儿子只有淮南王和大王您，大王又是长子，以贤德圣明、仁爱孝顺闻名于天下。所以大臣们顺应天下人心，而想迎接大王为帝。大王不要有什么疑虑了。”代王与太后商量，仍然犹豫不定，便用龟甲占卜。卦兆是一条横向裂纹，卜辞说：“横向裂纹，表示坚强的样子，要成为天王，像夏启一样发扬光大先人的事业。”代王说：“我已经是王了，还要当什么王呢？”占卜的人说：“所谓天王就是天子。”于是，代王就派遣太后的弟弟薄昭去见绛侯周勃。周勃等人向薄昭详细说明了迎立代王为帝的意思。薄昭回来报告说：“你就相信了吧，没有什么可怀疑的。”代王便笑着对宋昌说：“果然像您说的那样。”便命令宋昌同车作参乘，张武等六人乘坐传车[①]一同前往长安。车到高陵时，便停止前进，派宋昌乘快车先到长安察看动静。

宋昌到达渭桥的时候，丞相以下的官员都前来迎接。宋昌便回来报告代王。代王于是改乘快车到渭桥，群臣都来拜见称臣。代王下车向群臣回礼。太尉周勃说："我请求单独向代王进言。"宋昌说："如果所说的是公事，就公开讲；如果所说的是私事，那么，当王的是不接受私情的。"周勃便跪下来献上天子的玉玺和符信。代王推辞说："到我的住处后再商议这件事吧。"随即驱车到了代王的住处，群臣随后而到。丞相陈平、太尉周勃、大将军陈武、御史大夫张苍[②]、宗正刘郢、朱虚侯刘章、东牟侯刘兴居、典客刘揭等都上前拜了两拜说："皇子刘弘[③]等人都不是孝惠皇帝的儿子，不应当继承帝位。我们特与阴安侯、顷王后、琅邪王以及宗室、大臣、列侯和二千石[④]级以上的官员商议，都说：'大王是高帝的长子，适宜继承高帝的皇位。'请大王继承帝位吧。"代王说："继承高帝的事业，是一件重大的事。我没有什么才能，不足以称帝。希望楚王考虑一个合适的人，我不敢担当此任。"群臣都伏在地上再三请求。代王向西而坐，谦让了多次，群臣扶代王向南而坐，代王又谦让了两次。丞相陈

---

① 传车：古代驿站用四匹下等马拉的车。

② 张苍（？—公元前 152 年）：汉初大臣，原来是秦朝的官员，归附刘邦后曾任代国、赵国之相，并被封为北平侯，汉文帝时任丞相。他精通律历，曾负责修改过历法，是汉代著名的历算家。事详见《张丞相列传》。

③ 刘弘：是惠帝后宫所生的儿子，曾被吕后立为少帝，后被周勃等人所杀。

④ 二千石：汉朝时，从九卿郎将到郡守尉官，其俸禄等级均为每年二千石，这里泛指九卿、郡守级的官员。

平等人都说："我们考虑还是大王继承皇位最合适，即使是天下的诸侯和百姓也认为您最合适。我们是为国家政权和刘氏宗庙着想的，不敢草率从事。希望大王能接受我们的请求。我们再次下拜，献上天子的玉玺和符信。"代王说："既然宗室、将相、诸王、列侯都认为没有比我更合适的人了，我也不敢再推辞了。"随后就登上了天子的宝座。

群臣按礼仪依次排列，侍奉皇帝。派太仆夏侯婴和东牟侯刘兴居去清除皇宫中吕氏家族的残余势力。然后用天子坐的法驾，到代王的住处迎接皇帝。皇帝当天晚上就住进了未央宫。连夜任命宋昌为卫将军，统率南北两军。任命张武为郎中令，负责宫殿的巡逻警卫。皇帝又回到前殿坐朝，于当天晚上下诏书说："近年来诸吕擅权，专横跋扈，谋反作乱，危及刘氏江山，多亏了朝中将相、列侯、宗室和大臣们把他们诛灭了，他们受到了应有的惩罚。我刚刚登上皇帝的位子，命令大赦天下，赏赐民家每户爵位一级，赐给无夫无子的女子牛和酒，按每百户为单位分配，并特许天下聚会痛饮五天。"【31】

孝文皇帝元年（公元前 179 年）十月庚戌日，将原来的琅邪王刘泽改封为燕王。同月辛亥日，文帝登阶，到高祖的庙去朝拜、祭祀。随后改任右丞相陈平为左丞相，任命太尉周勃为右丞相，大将军灌婴为太尉。吕氏诸人所夺去的原齐、楚两国的封地都重新归还原主。同月壬子日，派遣车骑将军[1]薄昭到代国去迎接皇太后来京。文帝说："吕产把自己封为相

---

① 车骑将军：官名，与卫将军、左右前后将军等同级，职位仅次于上卿。

【31】

国，任命吕禄为上将军，他们假托皇帝诏令，擅自派遣将军灌婴率军队攻打齐国，企图替代刘氏。灌婴留在荥阳按兵不动，与诸侯合谋诛灭吕氏。吕产想叛乱，丞相陈平与太尉周勃谋划夺取吕产等人的兵权。朱虚侯刘章首先捕捉了吕产等人。太尉周勃亲自率领襄平侯纪通带着符节进入北军。典客刘揭亲自夺取了赵王吕禄的印章。为此，加封太尉周勃食邑万户，赐给黄金五千斤；丞相陈平、将军灌婴各加封食邑三千户，黄金两千斤；朱虚侯刘章、襄平侯纪通、东牟侯刘兴居各加封食邑二千户，黄金一千斤；封典客刘揭为阳信侯，赐给黄金一千斤。”

十二月，文帝说：“法令是治国的依据，其目的是禁止暴力，引导人们从善。如今，犯罪的人既然已经依法论处了，却还要把他们没有犯罪的父母、妻子、儿女、同胞兄弟抓来治罪，我特别不赞成这种做法。希望你们好好讨论一下。”有关大臣都说：“百姓不能约束自己，所以用法令来管束他们。采取一人犯法，株连他人同时治罪的办法，就是使他们产生畏惧感，不敢轻视法律，这种办法由来已久，还是照老办法办合适。”文帝说：“我听说，只要法律是公正的，百姓就会忠厚老实、谨慎行事的。治罪得当，百姓就会甘心服从。何况管理百姓，引导他们从善是官吏的职责，如果既不能引导百姓从善，又用不公正的法律给老百姓加罪，这样反而会促使他们去干凶暴的事，又怎么能禁止他们犯罪呢？我看不出这种法令有什么好处。希望你们仔细考虑。”有关大臣都说：“皇上将大恩大德施加给百姓，功德之盛，不是我们臣下所能做得到的。我们遵奉诏书，废除一人犯法、株连九族的法令。”

孝文皇帝二年（公元前 178 年）正月，有关官员对文帝说：“及早确立太子，是遵奉宗庙的重要措施，请确立太子。”文帝说：“我的德行浅薄，上帝神明还没有欣然接受我的祭祀，天下民众也还没有满意。如今我已经不能广求天下贤圣有德的人，把天下禅让给他，你们还要我预先确立太子，这就加重了我的失德，叫我怎么向天下人交代呢？还是以后再说吧。”大臣们说：“预先确立太子，是为了尊奉宗庙、国家，也是不忘记天下呀。”文帝说：“楚王是我的叔父，年事已高，所见的天下事理很多，明了治国的大事；吴王是我的兄长，他贤惠仁慈，品德高尚；淮南王是我的弟弟，用他的德才辅佐我。难道说这不是解决继承人的措施吗？诸侯王、宗室、兄弟和有功之臣，很多都是贤惠，有德才的人。如果能推举有德才的人来继承我未完成的事业，那就是国家的幸运，天下人的福气啊！现在不选举、推荐这些人，反而说要确立太子，人们就会以为我是忘记了这些德高望重的人，一心想着儿子，并不是为天下人着想。我很不赞成这种办法。”主管大臣都一再请求说：“过去殷、周建国，长治久安有一千多年，从前统治天下的王朝还没有比他们更长的，其原因就是采用了早立太子的办法。确立继承人必然是自己的儿子，这是由来已久的事。高帝亲自率领文臣武将，平定天下，分封诸侯，成为我朝的太祖。诸侯王和列侯第一个受封的也都成为各自封国的始祖，子孙相继，代代不绝，这是天下的大义。所以，高帝设立了这种制度以安定国内人心。现在放弃当立的人不立，而在诸侯和宗室中找继承人，这不是高帝的意愿。改变这种做法是不合适的。皇上的儿子某某（指刘启）是长

【32】

子，他纯厚仁慈，请您立他为太子。”文帝便答应了。为此赏赐天下民众应当继承父业的人每人一级爵位，封将军薄昭为轵侯。

三月，有关大臣请求确立皇后。薄太后说：“皇子都是同一个母亲所生，就立太子的母亲为皇后。”皇后姓窦。【32】文帝因为立皇后的缘故，赏赐天下鳏寡孤独、家境贫困的人以及八十岁以上的老人、九岁以下的孤儿每人一定数量的布、帛、米、肉。【33】文帝从代国而来，刚登帝位时，就对天下普施恩德，安抚各国诸侯和东夷、西戎、南蛮、北狄各部族，使各方面关系融洽。于是，文帝论功赏赐跟随他从代国来京的功臣。文帝说：“当大臣们诛灭了叛乱的诸吕，迎接我进京的时候，我有些怀疑其诚意，大家也阻止我来京。只有中尉宋昌劝我，我才得以继承祖业。之前已任命宋昌为卫将军，应当封他为壮武侯。随我一同来京的其余六人，都任命为九卿。”

文帝说：“随高祖入蜀、汉中的六十八个列侯每人各加封食邑三百户；以前的二千石级以上的官员，跟随高帝的颍川郡守尊等十人，每人各赐给食邑六百户；淮阳守申徒嘉等十人，每人赐给食邑五百户，卫尉定等十人各赐给四百户。封淮南王的舅父赵兼为周阳侯，齐王的舅父驷钧为清郭侯。”到秋天，又封以前的常山国丞相蔡兼为樊侯。

有人提醒右丞相周勃说：“您原本诛灭了诸吕，迎接代王来京登帝位。如今又凭着这功劳，受到了皇上的赏赐，所处的地位很尊贵。看来，您要大祸临头了。”听了此言，右丞相周勃便假借有病，请求免他的职。于是，左丞相陈平成

【33】

为唯一的丞相。

文帝二年（公元前178年）十月，丞相陈平去世，再次任命绛侯周勃为丞相。文帝说："我听说古时候的诸侯建立的国家有一千多个，都各自守着自己的封地，按时入朝进贡，老百姓不觉得劳苦，全国上上下下都欢欣鼓舞，没有人干不道德的事。如今，列侯多数都居住在长安，而封地离长安又很远，官吏、士兵从封地往长安给列侯运输供给的物资，花费大，而且很辛苦。同时，列侯也没有机会管理、教训他的臣民。现在命令列侯们回到他们自己的封地去。在京任职和诏令所特准留下的人，就派太子回封地去。"

十一月的最后一天出现了日食，十二月十五日又出现了日食。皇上说："我听说，上天生下万民，为他们设立君主来抚养、治理他们。要是君主不贤明，施行政令不公平，那么，上天就会降灾下来，以惩戒君主治理国家不当。十一月最后一天出现日食，就是被上天所谴责，没有比这更大的灾祸了。我获准继承祖业，凭我这样一个渺小的人依托在万民和诸侯之上，天下的治与乱，责任全在我一人身上，诸位执政大臣好比是我的左右手，我对下不能治理和抚育好众生，对上有损于日、月、星辰的光辉，我的失德太大了。各地接到我的诏令后，都仔细思考思考我的过失和我各方面的不足之处。希望大家把想到的告诉我。还要推荐有德有才、能直言劝谏的人，以补正我的不足。也希望各级官员都忠于职守，尽量减少徭役和开支，以造福百姓。我无法以恩德感化邻国，使他们臣服。又总是担心外族会有侵略的企图，所以没有停止边防战备。现在既然不能撤除边防驻军，又怎么能用重兵来保卫我呢？现在决定撤销卫将军的禁卫军。太仆所管辖的现有马匹，只保留够用的数目就行了，其余的一律交给驿站使用。”

文帝三年（公元前177年）正月，皇上说：“农业是天下根本，应当开辟籍田，我要亲自带头耕种，供给祭祀宗庙所需要的谷物。”

三月，有关主管大臣请求确立皇帝的儿子为诸侯王。皇上说：“赵幽王①被吕后幽禁而饿死，我很是怜惜他，已经立他的大儿子刘遂为赵王了。刘遂的弟弟刘辟彊和齐悼惠王的儿子朱虚侯刘章、东牟侯刘兴居对朝廷也有功劳，可以立他们为王。”于是立赵幽王的小儿子刘辟彊为河间王，从齐国划出几个地理位置重要、政务繁重、复杂难治的郡给朱虚侯刘章，封他为城阳王，立东牟侯刘兴居为济北王，皇子刘武为代王，刘参为太原王，刘揖为梁王。

文帝说：“古代圣明的君主治理天下，朝廷专门设有进言献策的旌旗和批评朝政的木牌，这样就疏通了国家治政的渠道，招来进谏的臣民。如今法令中规定，批评朝政要治传播妖言的罪，这使得广大臣民不敢畅所欲言。而做皇帝的人无从听到自己的过失，这样怎么能招致远方的贤良之士来朝廷呢？把这条法令废除了，百姓中有人会背后诅咒皇帝，相约发誓互相隐瞒，后来又互相告发，官吏就认为这是大逆不道；如果再说些不服的话，官吏又认为是诽谤朝廷。其实这只不过是小民的愚昧无知，以至于犯下死罪，我认为很不可

---

① 赵幽王：即刘邦的第六个儿子刘友，先被封为淮阳王，吕后执政时改封为赵王，后被吕后幽禁而饿死。

取。从今以后，凡是犯此条法令的一律不治罪。”

九月，文帝首次将铜制虎符和竹制使符分发给各封国的丞相和各郡的郡守。

十月底丁酉日，出现日食。十一月，皇上说：“先前下诏命令列侯回各自封地的事，有的人还借故没走。丞相是我所推崇的人，你替我率领列侯回各自封地吧。”于是，就免去了绛侯周勃的丞相职务，让他回到封国。任命太尉颍阴侯灌婴为丞相。废除了太尉这一官职，其所负责的事务由丞相处理。文帝四年（公元前 176 年）四月，城阳王刘章去世。淮南王刘长与随从的人魏敬杀死了辟阳侯审食其。

文帝四年（公元前 176 年）五月，匈奴入侵北地郡，占据河南地区，掳掠作恶。文帝初次驾临甘泉宫。六月，文帝说：“汉族和匈奴曾经结为兄弟，为了不让它为害边境，因此赠送了十分丰厚的物资给他们。如今，匈奴的右贤王离开他们的本土，率领部属侵占早已归属汉朝的河南地区，无缘无故地在边塞一带进进出出，捕杀官吏士兵，驱逐守边部族，不许他们住在原地，肆意欺凌我边防官员，侵入内地，骄横跋扈，违反协约。为此，特征调边防骑兵八万五千人前往高奴。派丞相颍阴侯灌婴率兵反击匈奴。”于是，匈奴退出了边塞。随后征调中尉部下精通骑射技术的士兵归卫将军统辖，驻守在长安。

同月辛卯日，文帝从甘泉前往高奴，顺便驾临太原，接见原代国的群臣，一一给予赏赐。论功行赏，赐给民众牛和酒。免除晋阳、中都的老百姓三年的赋税。文帝在太原停留游玩了十多天。

济北王刘兴居听说文帝在代国，准备去反击匈奴，于是发动叛乱，乘机调动军队，妄图袭击荥阳。这时，文帝下令撤下丞相灌婴的部队，派遣棘蒲侯陈武为大将军，率领十万人马前去平叛。派祁侯缯（zēng）贺为将军，率部队驻军荥阳。七月辛亥日，文帝从太原到长安，下诏书给有关大臣："济北王违背道德，反叛皇上，连累了他的官吏和老百姓，这是大逆不道。凡是在朝廷平叛大军到来之前就反正的济北的官吏、老百姓和士兵，以及率部投诚或献出城邑归降的，一律赦免，恢复他们原来的官职和爵位。与济北王刘兴居有过来往的人，也赦免。"八月，打败了济北叛军，俘虏了济北王。文帝随即宣布赦免了济北国中跟随济北王叛乱的官吏和老百姓。

文帝六年（公元前 174 年），有关大臣报告说，淮南王刘长废除了先帝的法令，不听从皇上的诏令，居住在宫室，穿戴的服饰超过了法度规定，出入的车马仪仗都模仿皇上的体制，擅自拟定法令，与棘蒲侯的太子陈奇合谋反叛，派遣人出使闽越和匈奴，约他们一道发兵，企图以此危害国家。众臣都建议说："刘长应该斩首示众。"文帝不忍心对淮南王用这种刑法，便赦免了他，废除了他的王位。群臣又请求把他发配到蜀郡的严道、邛（qióng）都一带，文帝答应了。刘长还没到达发配地，在半道上就病死了。皇上怜悯他，后来到文帝十六年（公元前 164 年），又追封淮南王刘长为厉王，并封他的三个儿子刘安、刘勃、刘赐分别为淮南王、衡山王和庐江王。

文帝十三年（公元前 167 年）夏天，皇上说："我听说天神的意志是：祸是由自己的怨恨而起，而福则是由自己的善德而兴。所以，朝廷百官的过失，应该由我自己来承担。如今秘祝[①]将过错推给臣下，更加显扬了我的失德，我很不赞成这样做，应该废除这种做法。”

五月，齐国的太仓令淳于意[②]有罪，应该受刑罚，朝廷的牢狱将他逮捕解送到长安关押，淳于意没有儿子，只有五个女儿。他被捕临行时骂女儿们说：“生孩子不生男孩，遇到危机之事，一点用处也没有！”他的小女儿缇萦（tí yíng）听到这样说，便伤心地哭了。【34】于是她就跟随父亲来到长安，向朝廷上书说：“我父亲在齐国做官，齐国人都称赞他的廉洁公正。如今犯了法，应当受到处罚。我所悲伤的是，死去的人不能再复生，受刑之后不能复原，虽然有改过自新的想法，但也无路可走。我愿意受罚进官府充当奴婢，为父亲赎罪，使得他有自新的机会。”缇萦的上书送到文帝手上，文帝怜悯她的孝心，于是下诏说：“我听说虞舜的时候，只是给罪犯穿戴有特殊图形或颜色的衣帽，作为耻辱的标志。然而民众却没有犯法的。为什么能做到这一点呢？因为当时的政治极为清明。如今的刑法有三种肉刑，而犯法的人却仍然不断，原因在哪里呢？难道不就是因为我的德行浅薄，以致教化不明吗？我甚感惭愧。所以，教导的方法不纯正而使百姓愚昧无知，以致走上犯罪的道路。《诗经》上说：‘平易近人的君子才是民众的父母。’现在有人犯了过错，没有

---

① 秘祝：官员，负责为皇帝向神灵求福消灾。

② 太仓令淳于意：太仓令，官名，负责掌管国家粮库。淳于意，汉初名医，复姓淳于，因曾任齐国太仓令，所以又称仓公。事详见《扁鹊仓公列传》。

【34】

施行教育就对他施加刑罚，这样即使他想改正过失而从善，也无路可走了。我很怜悯他们。刑罚致使犯人折断肢体、损坏肌肤终身都不得复原，这是何等令人痛苦而又不道德的事呀，这哪里是作为民众的父母的意思呢？！应该废除肉刑。”

文帝说：“农业是天下的根本，任何事情都没有比这个更重要的了。现在，农民辛辛苦苦地从事农业生产，却还要负担租税，这和从事商业和手工业的人没什么两样，这样本末不分，是鼓励从事农业生产的方法不完善。应该废除农田的租税。”

文帝十四年（公元前166年）冬，匈奴阴谋入侵边境掳掠，攻打朝那（zhū nuó）塞，杀害了北地郡的都尉孙卬，于是文帝派遣了三位将军分别驻守在陇西郡、北地郡和上郡，中尉周舍为卫将军，郎中令张武为车骑将军，驻守在渭河以北地区，拥有战车千辆，骑兵十万。文帝亲自犒劳军队，检阅军队，发布训令，奖赏了全军官兵。文帝还打算亲自去反击匈奴，大臣们都劝他不要去，他一概不听。最后在皇太后的坚决阻拦下，文帝才答应不亲自征战了。所以任命东阳侯张相如为大将军，成侯董赤为内史，栾布①为将军，率军反击匈奴。匈奴逃走了。

这年春天，皇上说：“我有幸登上帝位，得以手持牺牲玉帛来祭祀上帝和宗庙，至今已有十四年了，历时这样长久，凭我这么一个不聪敏、不贤明的人来长久安抚治理天下，我感到很惭愧。应当大大地增加祭祀的场所和礼器。以前先王

① 栾布：汉初将领，文帝时曾任燕国丞相，景帝时因平定七国之乱有功，被封为俞侯。事详见《季布栾布列传》。

对人远施恩惠却不求报答，遥祭天地鬼神也不为自己求福，推荐贤良之才，使之居于皇亲国戚之上，先为民众而后为自己，这是英明到了极点。如今我听说祠官在祭祀上天的时候，只为我一个人求福，而不为老百姓祈祷，我感到很惭愧。以我这样才德浅薄的人却独自享受上天所降的幸福，而老百姓却没有份儿，这更加重了我的失德。现在命令祠官祭祀时要诚心恭敬，不要再为我一个人求福。”

当时是北平侯张苍当丞相，刚刚确定了新的历法。鲁国人公孙臣上书，陈述了用五德周而复始循环的道理来解释历朝兴废的事，说，如今正是土德的时期，土德应该是黄龙出现的时候，所以应该改变一年起始的时间和车马、服饰的颜色。皇上将此事交给丞相商议处理。丞相张苍推算，认为如今应当是水德，应该明确规定十月作为每年的正月，并且应当崇尚黑色，所以认为公孙臣的话不对，请皇上不要采纳他的建议。

文帝十五年（公元前 165 年），在成纪县果然出现了黄龙。于是，皇上再次召见鲁国人公孙臣，任命他为博士。让他阐明如今当为土德的道理。于是，文帝下诏书说：“现在有奇异神物在成纪县出现，不危害老百姓，还出现了丰收的年景。我要亲自到郊外去祭祀上帝和诸神。礼官们商议这件事时，不要怕我太劳累而有所隐讳。”主管大臣和礼官都说：“古时候皇上是夏天才亲自到郊外对上苍施礼祭祀，所以叫郊祀。”于是，文帝第一次来到雍县，郊祭五位天帝，在初夏四月答谢上天的恩德。赵国人新垣平自称善于望气，以占卜凶吉。他进见文帝，劝说文帝在渭阳建立五帝庙，可以引出周朝的传国宝鼎，还有精美的宝玉出现。

文帝十六年（公元前164年），文帝亲自到渭阳的五帝庙去郊祭，也是在夏天举行答谢礼并推崇红色。

文帝十七年（公元前163年），文帝得到了玉杯，上面刻有“人主延寿”的字样。于是文帝下令将当年改为后元元年。特许全国民众聚会大饮。这一年，新垣平诡称望气，让人诈献刻有“人主延寿”的玉杯的骗局被发现，受到诛灭三族的处罚。

文帝后元二年（公元前162年），文帝说：“我太不贤明了，不能使恩德到达远方，所以使外族人骚扰不止，四方边境的人民不能安定地生活，内地的百姓辛勤劳作，不能安居乐业。这两者的罪过都在于我的德行浅薄而不能到达远方的缘故。近几年来，匈奴连连进犯边境，杀了很多官吏和老百姓。而驻守边防的大臣官兵们又不能理解我内心的想法，更加重了我的失德。长久这样灾难不断，战火相连，中外各国将如何才能得以安宁呢？如今我早起晚睡，为天下辛勤劳累，为万民而忧愁痛苦，为这些我很是惶惶不安，每天我都牢记在心，所以派遣的使臣冠盖相望，车辙相接，以便给单于传达我的意愿。现在单于返回到从前亲善友好的轨道上，想着国家的安危和人民大众的利益，亲自与我共同抛弃细小的过失，一起走和睦相处的正道，结下兄弟般的情义，以保全天下善良的百姓。和亲的国策已经确定，就从今年开始。”【35】

文帝后元六年（公元前158年）冬天，三万匈奴人入侵

【35】

上郡，另三万人入侵云中郡。朝廷任命中大夫令勉为车骑将军，驻军飞狐口；任命原楚国的丞相苏意为将军，驻守在句（gōu）注山①；将军张武屯兵北地郡；任命河内郡守周亚夫②为将军，驻兵细柳；任宗正刘礼为将军，驻军霸上；祝兹侯徐厉率军驻棘门；以防备匈奴。几个月后，匈奴人离去，这些军队也随之撤回。

这一年，天下干旱，蝗虫成灾。文帝对全国施恩：下令诸侯不要向朝廷进贡，开放封禁的山林湖泊，减少皇家用的衣服、车马和玩好之物。裁减皇帝的随从人员，发放仓库中的存粮以救济贫苦百姓，允许民间买卖爵位。【36】

---

① 句注山：即雁门山，古代九大关塞之一。

② 周亚夫（？—公元前143年）：周勃的儿子，被封为条侯，任将军，以治军谨严著称，景帝时先后任太尉、丞相，是平定吴楚七国之乱的主要将领。后因其他事情牵连入狱，绝食而死。事详见《绛侯周勃世家》。

【36】

孝文帝从代国来，在位二十三年，宫室、苑囿、狗马、服饰和御用器具都没有增添。凡是对老百姓不利的事便废除。文帝想建一座供休息、赏景等用的露天平台，召来工匠计算费用，需要花费上百斤黄金。文帝说：“一百斤黄金相当于十户中等人家的财产，我享受先帝遗下的宫室，常常害怕不能保守，而使先帝蒙受羞耻，哪能再筑平台！”文帝经常穿着粗丝衣服，就连他所宠爱的慎夫人，也命令她穿的衣服不能长到拖在地上，用的帏帐也不准绣花，以表示俭朴，给天下人做出榜样。建造文帝的陵墓用的都是瓦器。他不准用金、银、铜、锡等贵重物品装饰陵墓，不准建造高大的坟堆。为的是节省开支，不去烦扰老百姓。南越王尉佗[①]自立为武帝，而文帝却把尉佗的兄弟召来，给以富贵，用恩德回报尉佗的叛逆。于是尉佗去掉帝号，向汉朝称臣。与匈奴采取和亲政策，当匈奴违背和约入侵时，文帝又命令边防驻军加强守卫，不准派兵深入匈奴境内作战，生怕烦扰苦害了老百姓。吴王刘濞假托有病不来朝贡，文帝立即赐给他几(jī)杖[②]，示意他不必进京朝见。群臣中，如袁盎等进言时，言辞激烈，文帝总是宽容他们，采纳他们的意见。众大臣中，如张武等接受金钱贿赂，事情被发觉后，文帝就从皇宫仓库中拿钱来赐给他们，使他们内心感到惭愧，而不是交法官审判。文帝专门以恩德感化臣民，

① 尉佗：即赵佗，因秦朝时做过海南郡尉，所以称为尉佗。他在起兵兼并了南海、桂林、象郡之后，建立越国，公元前196年，被刘邦封为南越王。

② 几杖：坐时身体依靠用的木几和行走时扶持用的手杖，古代以赐几杖表示敬老。

【37】

因此国内人丁兴旺，生活富裕，礼义盛行。

文帝后元七年（公元前157年）六月己亥日，文帝在未央宫去世。他临终前留下诏书说：“我听说，天下万物发芽生长，没有不死的。【37】死是天地之间的常理，万物的自然现象，没什么值得特别哀伤的！当今这个时代，世人都喜欢生，厌恶死。死了人花钱厚葬，会弄得倾家荡产；强调服丧，会有伤身体。我很不赞成这种做法。何况我德行浅薄，没能对老百姓有所帮助；现在死了，让人们长久为我服孝哭吊，遭受寒冬酷暑的折磨，使天下父子悲伤不已，损伤了老人和孩子的心志，会减少他们的饮食，致使他们中断对鬼神的祭祀，这更加重了我的失德，叫我怎么对得起天下的人呢？！我有幸获得保护宗庙的权力，以一个渺小的人依托在天下诸侯王之上，已经有二十多年了。我依靠天地的神灵，托国家的洪福，才使国家得以安宁，没有战乱。我很不聪敏，常常担心自己有错误的行为，从而羞辱了先帝遗留下来的美德；我一直担心自己不能善终。如今我有幸能以高寿去世，又能被后人供奉在高庙里，也许我的见识不高明吧，但我却喜欢这样的归宿，哪里还有什么值得悲哀的呢？！现在诏令全国官民，从此令到达三日起哭吊三天就除去丧服，不要禁止娶妻、嫁女、祭祀、饮酒、吃肉。应当办理丧事、服丧哭祭的人，都不要赤脚踏地。孝带不要超过三寸宽，送葬时不要陈列车驾和兵器，不要发动男女老百姓到宫殿来哭灵。宫殿中应当哭祭的人，都只要在早晚各哭十五声，礼仪完了就停止。不是早晚哭祭的时间，不准擅自哭泣。下葬以后，大功只服丧十五天，小功服丧十四天，缌（sī）麻只服丧七天[1]，此后就脱掉孝服。其他不在诏令规定范围内的事项，都应参照这道诏令的精神办理。这些规定要通告全国，使全国人民都能知道我的心意。我陵墓周围的山川仍然保持原样，不要有所改变。后宫内，从夫人以下的美人、良人、八子、七子、长使、少使，一律遣送回娘家改嫁。”朝廷任命中尉周亚夫为车骑将军，典属国[2]徐悍为将屯将军，郎中令张武为复土将军，调派京城附近各县现役士兵一万六千人，调派京城士兵一万五千人，由将军张武统管，负责挖土、填土等安葬棺椁（guǒ）的事项。

同月乙巳日，群臣都叩头奉上谥号，称为“孝文皇帝”。随后，太子刘启在高庙即位。丁未日，继位称为皇帝。【38】

孝景皇帝元年（公元前156年）十月，景帝给御史下诏：“我听说古代开国皇帝有功的被称为‘祖’，其继承人有德的称为‘宗’，制订礼仪和音乐都是有根据的。音乐是用来颂扬德行的，舞蹈是用来表彰功绩的。在高庙举行祭祀的时候，就要演奏《武德》《文始》《五行》等歌舞，在孝惠庙举行祭祀时，演奏的是《文始》《五行》歌舞。如今，孝文皇帝治理的天下，开放关卡桥梁，连边远地区也同样如此。同时，孝文皇帝还废除了诽谤罪，取消了肉刑，对长者、老者给予赏赐，收养抚恤那些无依无靠的人，养育了众多生灵。他节制自己的嗜好，不接受贡礼，不谋私利，对于有罪的人不株连其家属，不枉杀无罪之人。还废除了宫廷的刑法，放出后宫的美人，把不做绝人后代的事看得很重要。我不聪敏，

---

① 大功、小功、缌麻：都是指的一些亲属服丧的名称。

② 典属国：官名，主管民族交往事务。

【38】

不能全面认识他的德政。这些都是上古的圣王所没有做到的，而孝文皇帝却是亲身所为。他的恩德可以与天地相比，他的仁慈普施四海，普天之下没有不得到他的恩惠的。他像日月一样光明。然而给他祭祀时却没有与他的德行相称的乐舞，我感到非常不安。应该为孝文皇帝的庙作《昭德》舞，以显扬他的美德。然后祖宗的功德就能写在竹帛上，载入史册，流传万世，永垂不朽，这样我才会感到满意。现在就将这件事跟丞相、列侯、中二千石级的大臣和礼官们一起商议，制订出一项礼仪，然后上报给我。”丞相申徒嘉等人说：“陛下永远怀着一颗孝顺之心，决定制作《昭德》舞来颂扬孝文皇帝的大恩大德，这是我们这些愚昧的臣子所比不上的。我们恭敬地建议：开国的功劳没有大过高皇帝的，圣德没有超过孝文皇帝的，因此，高皇帝的庙应当作为帝王的太祖庙，孝文皇帝的庙应当作为帝王的太宗庙。凡为天子的，都应当世世代代奉祭太祖庙和太宗庙。各郡国和各国诸侯都应当为孝文皇帝建立太宗庙。每年朝廷举行祭祀的时候，诸侯王和列侯都要派使者来京陪天子一同祭祀太祖、太宗。请求将这些规定写在竹帛上，向全国公布。”景帝下诏书说：“可以。”

太史公说：孔子说过：“必须经过三十多年的治理，施行仁政才能成功。圣人治国一百来年，才可以清除暴政，废弃刑罚。”这话真是对极了！从汉代的建立到孝文皇帝，共有四十多年，德政达到了最旺盛的时期，眼看着逐渐走向改历法、更换服装颜色、行封禅的地步了，只是由于文帝的谦让，至今还没有完成。唉，这不正是孔子所说的“仁”吗？

史记卷十一

孝景本纪

扫描二维码
阅读本篇原文

孝景帝　孝文帝　窦太后　周亚夫　晁错

孝景皇帝[①]是孝文皇帝排行居中的儿子，他的母亲就是窦太后。孝文帝在代国的时候，他以前的皇后生有三子。等到窦太后得宠的时候，孝文帝先前的那个皇后已经死了。不久，她所生的三个儿子先后死去。这样，孝景帝就被立为太子，得以继承帝位。【39】

元年（公元前156年）四月乙卯日，景帝发诏大赦天下。乙巳日，又发诏赐给民家每户一级爵位。五月，又下令减免一半的田租。景帝为孝文帝修了一座太宗庙，并且告诉所有大臣不要因此朝拜祝贺。就在这一年，匈奴侵入代国，景帝下令与匈奴签订和约，并且结成儿女亲家。

第二年春天，景帝封已故相国萧何的孙子萧系为武陵侯。这一年，朝廷规定，男子到二十岁时就要服兵役。四月壬午日，孝文帝的母亲逝世。受封的广川王、长沙王[②]也都各赴自己的封国上任。同年，丞相申屠嘉[③]逝世。八月，

---

① 孝景皇帝（公元前188年—公元前141年）：即汉景帝刘启。在位十六年，曾采纳晁错的意见，削诸侯封地，平定七国叛乱，使中央集权政体得以巩固。在位期间，继续文帝的政策，使全国繁荣昌盛。在历史上，与景帝合称文景之治。

② 广川王：即景帝的第八子刘彭祖。长沙王：即景帝的第十子刘发。

③ 申屠嘉（？—公元前155年）：汉初大臣，高祖时任都尉。惠帝时任淮阳郡守。官至丞相，他反对晁错的主张，借晁错把宗庙的墙打穿作门一事为由奏请皇上杀晁错，但皇上袒护晁错，他因此而呕血死亡。

【39】

任命御史大夫、开封侯陶青为丞相。这时候，东北天空出现了彗星。这年秋天，衡山国降了冰雹。最大的直径有五寸，最深的地方有二尺厚。而天上的火星又倒着运行，竟侵入了北极星的地盘。月亮出现在北极星的中间。木星又在太微星垣中倒着转。这一年，景帝下诏设了南陵和内史、祋祤（duì yǔ）三个县。

第三年正月乙巳日，景帝下诏大赦天下。这时，流星在西方天空划过。天火烧毁了洛阳东宫大殿和城楼。吴王刘濞、楚王刘戊、赵王刘遂、胶西王刘卬、济南王刘辟光、菑川王刘贤、胶东王刘雄渠起兵反叛朝廷，挥师西进。景帝为安抚他们，杀了主张削藩的晁错[1]，并且派袁盎把这个消息告诉他们。但他们仍然不肯就此罢休，继续西进围攻梁国。景帝便派遣大将军窦婴、太尉周亚夫出兵征讨，平定了叛乱。六月乙亥日，景帝下令赦免了逃亡的叛军和楚元王的儿子刘艺等参与谋反的人。封大将军窦婴为魏其侯，立楚元王的儿子平陆侯刘礼为楚王。与此同时，立皇子刘端为胶西王，刘胜为中山王。改封济北王刘志为菑川王，淮阳王刘馀为鲁王，汝南王刘非为江都王。齐王刘将庐、燕王刘嘉都在这一年相继去世。

第四年夏天，立刘荣为皇太子，皇子刘彻被立为胶东王。六月的甲戌日，景帝下令大赦天下。闰九月，将易阳更名为阳陵。在水陆要冲地重新设置关卡，凭通行证出入。这年冬天，把赵国改为邯郸郡。【40】

第五年三月，景帝下令兴修阳陵和渭桥。五月，为了使老百姓迁居阳陵，特拨款二十万。这一月，江都一带遭受了从西而来的风暴，毁坏城墙十二丈。丁卯日，景帝封他的外甥陈蟜为隆虑侯，把广川王刘彭祖改封为赵王。

第六年春天，景帝封中尉卫绾为建陵侯，江都国丞相程嘉为建平侯，陇西郡太守公孙浑邪（yé）为平曲侯，赵国的丞相苏嘉为江陵侯，前将军栾布为鄃（shū）侯。这一年，梁王和楚王都去世了。闰九月，砍掉了驰道两边的树木，填平了兰池。

第七年冬天，废黜了栗姬所生的太子，封他为临江王。

---

① 晁错（公元前200年—公元前154年）：曾任内史、御史大夫，建议推行重农抑商政策，又建议削夺诸侯王国封地，以巩固中央集权，后为景帝所杀。事详见《袁盎晁错列传》。

【40】

十一月底，出现了日食。春天，景帝下诏赦免兴修阳陵的罪犯和奴隶。丞相陶青也在这时被免职。二月乙巳日，任命太尉条侯周亚夫为丞相。四月乙巳日，胶东王的母亲被立为皇后。丁巳日，胶东王刘彻被立为太子。

中元元年（公元前149年），封前御史大夫周苛[①]的孙子周平为绳侯，封前御史大夫周昌的孙子周左车为安阳侯。四月乙巳日，景帝大赦天下，又赐给老百姓每户爵位一级。解除了不准商人和上门女婿做官、不准犯罪官吏重新做官的法令。这年发生了地震，衡山、原都郡都降了大冰雹，最大的直径达一尺八寸。

二年二月，匈奴入侵燕国，朝廷为此毁去了与匈奴的和亲协约。【41】三月，景帝把临江王召进京问罪，临江王在中尉府中自杀身亡。夏天，立皇子刘越为广川王，刘寄为胶东王。赐封了四个列侯。九月甲戌日，又发生了日食。

三年冬天，废除诸侯国的御史大夫一职。春天，两名匈奴王率部前来归降，都被封为列侯，这一年又立皇子刘方乘为清河王。三月，西北天空出现彗星。丞相周亚夫在这月被免职，由御史大夫桃侯刘舍担任丞相。四月发生地震。九月底戊戌日，又出现了日食。这时，景帝调兵驻扎在东都门外。

四年三月，动工兴建德阳宫。这年，蝗虫成灾。到秋天，景帝又一次赦免了参加修建阳陵的囚犯。

---

① 周苛：周昌的堂兄，汉高帝时在荥阳战死。周昌（？—公元前192年）：刘邦的同乡，随刘邦起兵反秦，任中尉。汉初官至御史大夫，被封为汾阴侯，为人正直，敢直言强谏，后任赵王如意的丞相。刘如意被吕后杀害后，他托病告老还乡。

五年夏天，立皇子刘舜为常山王。赐封十个诸侯。六月丁巳日，发诏大赦天下，并赐封民户每家爵位一级。全国发生大水灾。将各诸侯国的丞相更名为相。秋天，又发生了地震。

六年二月乙卯日，景帝亲自来到郊外的祭坛，祭祀五位先帝。三月，天降冰雹。四月，梁孝王刘武、城阳共王刘喜、汝南王刘非都相继去世。封梁孝王的儿子刘明为济川王，刘彭离为济东王，刘定为成阳王，刘不识为济阴王。将梁国分为五国，分别赐封四个诸侯。将廷尉改名为大理，将作少府改名为将作大匠，主爵中尉改名为都尉，长信詹事改名为长信少府，将行改名为大长秋，大行改名为行人，奉常改名为太常，典客改名为大行，治粟内史改名为大农。把大内定为年薪二千石级别的官员，设置左右内官，隶属大内。七月辛亥日，出现日食。八月，匈奴又入侵上郡。

后元元年（公元前143年）冬天，将中大夫令更名为卫尉。三月丁酉日，景帝下诏大赦天下，赏赐老百姓每户爵位一级。相当于二千石官位的人、诸侯国的国相皆封以右庶长的爵位。四月，特许老百姓聚众饮酒。五月丙戌日，发生了地震，早饭时分再次震动。在上庸县，地震持续了二十二天，城墙被震毁了。七月乙巳日，又出现日食。丞相刘舍在这一年被免职。八月壬辰日，任命御史大夫卫绾为丞相，并被封为建陵侯。

二年正月，在一天之内就发生了三次地震。郅都将军率兵反击匈奴。允许民众聚会饮酒五天。命令内史和各郡不得用粮食喂马，否则由官府没收。规定囚徒和奴隶只能穿粗布衣服。禁止用粮食喂马。由于庄稼歉收，因而朝廷下令节约

【41】

粮食。现有的粮食一定要吃到秋收。并且削减了驻京的列侯，让他们回到自己的封地去。三月，匈奴入侵雁门郡。十月，朝廷把长陵附近的田地出租给老百姓种。这一年发生了大旱灾。衡山国、河东郡、云中郡均发生瘟疫。

三年十月，发生了日食和月食，连续五天都呈红色。十二月底出现雷电，太阳也呈紫色。金、木、水、火、土五大行星都逆转运行，侵入太微星垣。月亮则从太微垣中间穿行。正月甲寅日，给皇太子举行了加冠典礼。甲子日，孝景皇帝逝世。他留下遗诏说，从诸侯王到凡是继承父业的平民每人赐给爵位一级，赏给每户百姓一百钱。将后宫宫人遣送回家，终身免除赋税。【42】此后，皇太子登位，他就是孝武皇帝。三月，封皇太后的弟弟田蚡（fén）为武安侯，田胜为周阳侯。将景帝的灵柩安葬在阳陵。

太史公说：汉朝兴起之后，孝文帝布施大德，普天之下都怀念那种安居乐业的生活。到了孝景皇帝，就不用担心异姓诸侯的反叛了。然而，由于晁错建议削减同姓诸侯的封地，才使七个诸侯国联合起兵，西进反叛朝廷。这是由于诸侯王的势力太强盛，而晁错又操之过急的缘故。后来采用了主父偃①的“推恩令”主张，诸侯王才逐渐被削弱，天下得以安宁。由此看来，国家安危的关键不就在于谋略吗？

---

① 主父偃（？—公元前127年）：复姓主父，曾任郎中，官至中大夫。他提出允许诸侯王分封自己的子弟为侯，使各封国愈来愈小，势力越来越弱。事详见《平津侯主父列传》。

【42】

史记卷十二
孝武本纪

扫描二维码
阅读本篇原文

孝武皇帝　薄诱忌　公孙卿　宽舒　栾大

孝武皇帝①是孝景皇帝排行居中的儿子。他的母亲就是王太后。【43】景帝四年（公元前153年），他以皇子的身份被封为胶东王。景帝七年（公元前150年），栗太子刘荣被废掉，封为临江王，将胶东王刘彻立为太子。景帝在位十六年，去世后，太子刘彻登上了皇帝的宝座，这就是孝武皇帝。武帝从登基开始就特别崇敬鬼神，重视祭祀。

建元元年（公元前140年），汉朝已建立六十多年了，天下太平无事，朝廷的官员们都希望皇帝举行祭祀天地神灵的封禅大典，改换历法和服装颜色等制度。然而，武帝却崇尚儒家学说，广招贤良之才。赵绾、王臧等人就是因为文章出众，博学多才而成为公卿②大臣的。他们想建议皇上像古代一样在城南建立明堂，用以朝会诸侯。他们草拟的天子出巡诸侯、举行祭神大典和更改历法服色等事的计划还没开始实施，就遭到了窦太后的阻挠。窦太后崇尚黄老学说，不喜

① 孝武皇帝（公元前156—公元前87年）：名刘彻，公元前141年至公元前87年在位。在位期间他对内加强中央集权，对外开拓疆土，尊敬儒家学术，提倡仁义道德，建立太学，设置五经博士，他的统治期间是汉朝军事、政治、经济、文化的极盛时期，但他迷信鬼神，大兴土木、连年用兵，税收严厉，致使国内空耗，人口大量减少。他能诗善赋，建立乐府，原有文集两卷，现已遗失。

② 公卿：即三公（丞相、太尉、御史大夫）九卿（奉常、郎中令、卫尉、太仆、廷尉、典客、宗正、治粟内史、少府）的统称。泛指朝廷中的高级官员。

【43】

欢儒家学说。于是，派人暗地查访赵绾等人非法营私的事。下令对赵绾、王臧传讯审问。赵绾、王臧自杀，他们所倡导的事就再无人敢过问了。

建元六年（公元前 135 年），窦太后去世。第二年，武帝征召来了文学之士公孙弘等人。

又过了一年，皇上第一次来到雍县，在五畤①举行郊祀。以后每三年轮流祭祀一次。这时，皇上请了一位神君，将她安置在上林苑的蹄氏观中。所谓神君，就是长陵的一个女子。她因为儿子的夭折而悲痛致死，死后在她姑嫂宛若身上显灵。宛若便将她供奉在自己的室内，于是，有很多人都去祭祀。武帝的外祖母平原君也去祭祀过，其后，她的子孙都因此而尊贵显赫。到武帝即位时，他便用丰厚的祭礼在宫门内供奉祭祀她。但只能听到她讲话，看不见她的身影。

这时，李少君自称自己有祭祀灶神、种谷得金、延年益寿的方术来觐见皇上。皇上对他很敬重。这个李少君是已故的深泽侯赵胡推荐来主管方术、医药等事务的人。他隐瞒了自己的年龄和生平履历，经常自称自己已有七十岁了，能够驱使鬼神，利用药物使人长生不老。他靠这些方术周游，已遍及诸侯各国。他没有妻子儿女。人们听说他能驱使鬼神，并且有长生不老之术，便纷纷给他赠送财物，使他拥有许多金钱、绸绢和衣食用品。人们都认为，他没有经营产业而又很富裕，又不知道他是什么地方的人，就

① 五畤：古代帝王祭祀天地五帝的五个固定场所，秦时建有密畤、上畤、下畤、畦畤；汉时还建有北畤，分别祭祀古代传说中主管东南西北中五个方位的青帝、赤帝、白帝、黑帝和黄帝。

越是相信他的话，大家争先恐后地去侍奉他。少君天性爱好方术，善于用巧妙的语言道出很多事情，他曾经陪同武安侯宴饮，在座的有九十多岁的老人，少君便说这位老人曾经与祖父一道出游打过猎的地方，这位老人小时候一直跟随祖父，认识那个地方，这一下，在座的客人都很吃惊。还有一次，少君觐见皇上，皇上有一件古铜器，问他是否认识。少君说："这件铜器是齐桓公十年（公元前672年）陈列在柏寝台的。"皇上随即叫人按上面的刻文查验，果然是齐桓公时代的铜器。全宫廷的人都大为吃惊，都以为少君是神仙，已有几百岁了。【44】

李少君对皇上说："祭祀灶神就可以招来鬼神，招来了鬼神就可以将朱砂炼成黄金，用黄金做成饮食用的器皿，就可以延年益寿，延年益寿就可以到海中的蓬莱仙岛见仙人了，见到了仙人举行祭祀天地的典礼就可以长生不死，黄帝就是这样做的。我曾在海上漫游过，见到了安期生，他给我吃了枣，这种枣像瓜一样大。安期生是一位仙人，他可以在蓬莱仙岛自由往来。有与他同道的人去，他就同他们见面。如果是与他不同道的人去，他就隐身不见。"就这样，武帝开始亲自祭祀灶神，并派遣方术之士到海上去寻求安期生一类的蓬莱仙人，同时着手用朱砂等药剂炼黄金。

过了很久，李少君病死了，武帝认为他是化身升天了，并没有死去，便命令黄县、锤县一带的文书官宽舒继承李少君的方术。但一直没能寻求到仙人安期生。从此以后，临海的燕国、齐国一带的许多怪诞荒唐的方术之士都纷纷效仿李少君，相继前来用神仙的事欺骗皇上。

【44】

亳县人薄诱忌[1]上奏祭祀泰一神[2]的事。他说："天神中最尊贵的是泰一神。辅佐泰一神的有五帝。古代，皇帝是在春秋时节在京城的东南郊祭祀泰一神。用牛、羊、猪三牲做祭礼。一共祭祀七天，并在祭坛上设置八方通行的台阶，作为鬼神的通道。"于是，皇上命令太祝[3]在长安城东南郊建筑泰一神的祠庙，经常按薄诱忌所说的方法祭祀泰一神。其后，又有人上书，说："古代，皇帝每年要用牛、羊、猪三牲祭祀三位神仙：天一神、地一神和泰一神。"皇上答应也这样做，便命令由太祝主持，按薄诱忌提出的方式在泰一坛上祭祀他们。后来又有人上书，说："古时候，皇帝通常在春秋两季为消灾解祸而举行祭祀。用枭鸟[4]、破镜[5]各一只祭祀黄帝；用羊祭祀冥羊神；用一匹青牡马祭祀马行神；用牛祭祀泰一神，皋山山神和地长神；用干鱼祭祀武夷山神；用一头牛祭祀阴阳使者。"皇上便命令祠官按这种方法在泰一神祭坛旁边举行祭祀。

后来，武帝的上林苑中有了白鹿，便用白鹿的皮作为货币，以此来宣扬吉祥，又铸造了银锡合金的钱币。

第二年，皇上到雍县去郊祀，获得了一头长着一只角的野兽，很像麃（páo）[6]。有关的大臣就说："陛下庄严恭敬地郊祀天地，上帝为报答您对他的祭祀，所以赐给您一头一

---

① 薄诱忌：一作"谬忌"。

② 泰一神：也叫太一神，是天神中最尊贵的神。

③ 太祝：官名，负责掌管祭祀祈祷的事情。

④ 枭鸟：传说中吃母亲的恶鸟。

⑤ 破镜：又叫"獍"，传说中吃父的恶鸟。

⑥ 麃：古代鹿的一种，据说外形像獐子，尾巴像牛，只有一只角。

【45】

角兽，大概是麒麟[1]吧。”于是把它进献在五畤。每畤加一头牛焚烧，祭祀天帝。武帝还将银币赐给诸侯，并且告诉他们，天降祥瑞来附会人事是符合天地意愿的。【45】

于是济北王以为武帝要举行祭祀天地的封禅大典了，便上书把泰山及其附近的封地献给皇上。皇上接受了，然后另划其他的地方赏赐给他。常山王刘勃因为有罪被流放了，皇上便把真定封给他的弟弟，以便继续供奉先王的宗庙，而将常山国改为郡。从此以后，五岳地区就都成了武帝的郡地了。

第二年，有一个齐国人少翁凭借招引鬼神的方术来觐见皇上。武帝有一位受宠的王夫人死了，这位少翁就用方术在夜间招来王夫人和灶神的神影，皇上从帐幕中看见了，于是就授予少翁文成将军的官职，赏赐了很多东西给他，以对待客人的礼节接待他。文成将军对皇上说：“皇上想与神仙来往，但您的宫室、被服都不像神仙用的，神仙是不会来的。”皇上便制作画有各色云气的神车，按照五行相克的道理在吉日良辰分驾各色神车驱除恶鬼。又建造了甘泉宫，宫中设有台室，室内画有天神、地神和泰一神等众神的形象，还设置了祭具，以便招来天神。过了一年多，文成将军的方术越来越不灵验了，神仙没有来。他便写了一份帛书让牛吞食下去，但表面佯装不知此事，然后对皇上说这头牛肚子里有奇异之物。皇上便让人杀了这头牛，从牛肚中找到那份帛书。书上的话十分古怪，皇上很怀疑此事。有人认得那帛书的笔迹，一问才知道果然是伪造的帛书。于是皇上杀了文成将军。这

① 麒麟：古代传说中一种吉祥的动物，外形像鹿，全身是鳞甲，尾像牛，只有一只角，古代被与龙、凤、龟称为“四灵”。

件事一直没有告诉老百姓。

在此之后，武帝又建造了一些如柏梁台①、铜柱、承露仙人掌②之类的建筑物。

文成将军死后的第二年，武帝在鼎湖宫病得很厉害。巫医什么手段都用尽了，皇上的病仍然不见好转。一个叫游水发根的人说：“上郡有个巫师，如果他生病，鬼神就能降附到他的身上。”皇上便把他召来，安置在甘泉宫祭祀。等到生病的时候，就派人通过他去问神灵，神灵说道：“皇上不用担心自己的病，待病情稍微有好转，就勉强支撑着来甘泉宫与我相会。”不久，皇上的病果真有所好转，于是，皇上亲自赴甘泉宫，病体果然完全康复。皇上便大赦天下，建造寿宫供奉诸神。诸神中最尊贵的要数泰一神。辅佐他的是名叫大禁、司命的一群神仙。他们都很顺从泰一神。众神仙的身影是无法见到的，只能听到他们讲话的声音。他们的声音同凡人的一样。他们时来时去，来的时候便有飒飒的风声。众神都住在室内的帷幕中。有时候白天也讲话，但通常是在晚上。皇上举行消灾去邪的祭礼后，才进入寿宫。他把巫师当作主人，向他领取饮食。众神所要说的话也由巫师传达下来。后来又增修了寿宫和北宫，竖起用羽毛装饰的旗帜，摆设了祭祀用的各种器具，用来礼待诸神。神仙所说的话，皇上都派人记录下来，称之为“画法”。这些话语，一般世人

① 柏梁台：台高二十丈，祖传其梁是用香柏做的。

② 承露仙人掌：汉武帝在建章宫神明台时，建了一个铜柱，柱高二十丈，柱粗要七人合抱，上有仙人掌承接露水，武帝非常迷信，以为用这种露水加上玉石的粉末调成“玉露”，经常服用，就能长生不老。

都能听得懂，没有特别深奥的地方，但是，皇上却暗自高兴，当然，这些事情是秘密进行的，老百姓都不知道。

这之后的第三年，有关大臣提出纪元应该按天赐予的祥瑞来命名，而不应该用一、二来计数。第一个年号可以称为“建元”；第二个年号，因为长星的出现，可以称为“元光”；第三个年号，因为郊祀时获得了一角兽，可以称为“元狩”。

第二年冬天，武帝到雍县郊祀，他与大臣们商议说：“现在天神由我亲自郊祀，但是地神后土却没有去祭拜，这样的话，礼节就不周全了。”主管大臣与太史公、祠官宽舒等商议说：“祭祀天地用的牛，其角要小如蚕茧或板栗。现在陛下要亲自祭祀后土，应当在湖中的高丘上建造五座圆形的祭坛，每座祭坛上要供上一头小黄牛作祭礼。祭祀完毕后，还要将祭祀用的牲口全部埋入地下。所有陪同祭祀的人，一律穿黄色衣服。”于是，皇上便按照宽舒等人的建议，下令在汾阴县的高丘上开始建造后土祠庙，就像和宽舒等人商议的那样。皇上亲自遥望远方，拜祭神灵，按照祭祀上帝的礼仪，祭拜了地神。祭礼结束后，皇上便取道荥阳回京城。在路过洛阳时下诏书说：“夏、商、周三个朝代距今已经很遥远了，他们的子孙后代能生存下来很是不易，应当将方圆三十里的土地赐给他们，封周朝后裔为周子南君。以便在那里敬奉他的祖先。”这一年，皇上开始巡视各郡县，已经接近泰山一带了。

这年春天，乐成侯上书介绍栾大。栾大是胶东王的宫人①，与文成将军同出一师。后来成了胶东王的尚方②。而乐成侯的

① 宫人：官名，负责掌管诸侯王的日常生活事务。

② 尚方：官名，负责掌管配制药方等事务。

姐姐是胶东康王的王后，她没有儿子。康王死后，其他的姬妾之子继位，立为国王。而康后有淫乱的行为，与新王不对脾气。于是，他们之间就利用法律手段互相倾轧。康后听说文成将军已经死了，就想对皇上献媚。因此派遣栾大通过乐成侯求见皇上，述说方术之事。皇上虽然杀了文成将军，但又悔恨他死得太早，为他的方术没有完全传下来而可惜。这时见到了栾大，皇上特别高兴。栾大长得高大英俊，从言谈举止中表现出足智多谋，并且敢说大话而神态自若。栾大对皇上说道："我曾经来往于海上，见到了安期生、羡门高之类的仙人。不过，他们认为我身份低贱，不肯相信我的话。又认为康王不过是诸侯，不值得把方术传授给他。我多次将这些情况告诉康王，但康王始终不任用我。我的老师说：'黄金可以炼成，黄河决堤也可以堵塞，长生不死的药也是可以得到的，神仙也是可以招来的。'但我害怕步了文成将军的后尘，那么方士们都会掩口禁告，哪里还敢谈论什么方术呢？"皇上说："文成将军是吃马肝致死的。你如果能整理出他的方术，我还有什么可吝惜的呢？"栾大说："我的老师从来不求别人，只有别人求他。如果陛下一定要招来神仙，那就要尊重神仙的使者。让他有家眷，要以宾客之礼接待他，而不要慢怠了他，还要让他佩带各种印信，才可以使他与神仙通话。神仙究竟肯不肯相见，这还不能确定，只要尽量尊重他的使者，才有可能招来神仙。"于是皇上让他先使一个小方术验证一下。栾大便斗棋①。棋子在棋盘上互相搏击起来。

① 斗棋：这是方士们玩的一种骗人的把戏，方士利用磁性相斥相引的原理，使棋子在棋盘上互相搏击。

这个时候，武帝正为黄河决口的事忧虑，而炼黄金的事又没有成功，所以就任命栾大为五利将军。过了一个多月，栾大又得到了四枚金印，佩上了天士将军、地士将军、大通将军、天道将军的印信。武帝下诏给御史："古时候夏禹疏通九条水道，对长江、黄河、淮河和济水开道引水。近年来，黄河洪水泛滥，淹没了高地，为了修筑河堤，使百姓劳役不息。我治理天下已有二十八年。上天若是要送一位方士给我，那么栾大正可以上通天意。这有如《易经·乾卦》上所说的'像飞龙游弋在天'，《易经·渐卦》上所说的'鸿鸟靠近涯岸'，看来也许可以这样称赞他。应当给他二千户的地方，封他为乐通侯。"而后又赐给他列侯级的上等府第和一千名奴仆，将皇上多余不用的车马和宫中的器物等都送给栾大，把他的家都装满了。又将卫皇后所生的大公主嫁给他，并赐给她一万斤黄金，将她的封号改为当利公主。【46】皇上还亲临五利将军的府第。派去慰问栾大和供给他所需物品的使者，在路上接连不断。从皇上的姑姑大长公主到朝廷中的将相以下的人，都准备了上好的酒食，送到栾大的家里，大献殷勤。于是皇上又刻了"天道将军"的玉印，派使者身穿羽衣夜间站在白茅上献印。五利将军也身穿羽衣，站在白茅上接受玉印，以此表示接受玉印的人不是天子的臣下。而佩印上称"天道"，是要为天子引导天神降临的意思。从此，五利将军常常于夜间在家里祭祀众神，想求神仙降临。结果神仙没有求到，而百鬼却聚齐了。不过，这也证明他还是很能使唤他们。此后，栾大就整装出行，说是要去东海，求见他的老师。在几个月内栾大就身佩六枚大印，富贵显赫，名震

【46】

天下，因而使得燕、齐沿海一带的方士们无不情绪激动，精神振奋，纷纷表示自己也有秘方可以引来神仙。

这一年夏季的六月中旬，汾阴的巫师锦在魏脽（shuí）后土祠旁给人祭神时，见地面隆起，形如弯钩状，便用手扒土看是什么东西，得到的是一只鼎。这只鼎和一般的鼎大不相同，上面刻有花纹，但没有文字。巫师觉得很怪，便将此事告诉了当地官吏。【47】县吏又报告了河东的太守胜，胜就传报到了朝廷。皇上派人去考察了解了巫师锦发现鼎的情况，并无虚假之处，便用礼仪祭祀天地，将鼎迎接到甘泉宫。朝廷百官也随同前往，皇上献祭。到了中山，天气晴朗温暖，空中有黄云飘过。此时刚好有只麃跑过去，皇上亲自射中它，就用它作了祭品。到了长安，三公九卿、士大夫们都商议要奏请皇上尊奉宝鼎。皇上说："近年来黄河泛滥，庄稼年年歉收，所以我才出巡祭祀地神后土，祈求他们为百姓滋育谷物。今年丰收了还没有酬谢神灵，这鼎为什么会出现呢？"主管大臣们都说："听说从前伏羲大帝制作了一只神鼎。一只鼎也就是一统的意思，这是天地万物最终的归结。黄帝制作了三只宝鼎，象征着天、地、人。夏禹收集九州的金属，铸成了九只鼎，都曾用来烹煮牲畜祭祀天帝鬼神。鼎都是遇到圣明的君主才出现的，这样传到夏朝、商朝。到了周朝，德行衰败，宋国的社坛毁灭了，鼎就沉没不再出现了。《诗经·周颂》中说：'从堂到门查祭器，从羊到牛查祭牲，大鼎小鼎都干净。……不哗不傲极肃穆，祈求长寿和福禄。'如今宝鼎到了甘泉宫，其外表光彩华美，就像飞龙一样变幻神奇，承受的吉祥无穷无尽，这正好与在中山时出现的黄白

【47】

祥云相吻合。黄云看来像一只兽的形态，这是吉祥的征兆。再加上皇上大弓四箭射获了麃子，这一切都汇集降临在祭坛之下，汇合成为酬谢天地鬼神的盛大典礼。只有受天命而称帝的人心里才知道天意，而符合天帝的德行。这个宝鼎应该进献给祖庙，珍藏在甘泉宫天帝的殿庭中，以符合神明的应验。”皇上便下诏说：“可以。”

到海上去寻找蓬莱仙岛的人回来说，蓬莱仙岛并不远，之所以不能到达，大概是因为还没有见到天上显示的祥瑞之气。皇上便派望气的官员等候观察那祥瑞之气。

这年秋天，武帝亲自到雍县去郊祀。有人说：“五帝是泰一神的助手，应当立一座泰一神的神位，由皇上亲自郊祀。”皇上犹豫未定。齐国人公孙卿说：“今年获得了宝鼎，今年仲冬辛巳这一天又刚好是朔日，早晨交冬至中气，这与黄帝制作宝鼎时的节令是一样的。”公孙卿在一块木简上写道：“黄帝在宛朐得到宝鼎后，向臣子鬼臾区询问此事。鬼臾区回答说：‘您得宝鼎和神策[①]的时候，正是这年己酉朔日早晨交冬至，这是符合天道的循环往复、周而复始的系统的。’于是，黄帝按照日月推算历法。此后，一般都是每隔二十年遇到朔日早晨交冬至，共推算二十次，计三百八十年，于是，黄帝成了仙，登上了天堂。”公孙卿想通过武帝的随身大臣所忠将此事上奏给皇上。所忠见这块书简不正常，怀疑它是胡言妄语，就推辞道：“宝鼎的事已经定了，还说它干什么！”公孙卿又通过皇上宠信的人上报此事，皇上大喜，召来公孙

① 神策：占卜用的一种东西。

卿询问详情。公孙卿回答说：“我是从申功那里得到此书的。申功现在已经死了。”皇上问：“申功是什么人？”公孙卿说：“申功是齐国人，与安期生有来往，受过黄帝的面教。他没有别的文书留下，只有这份鼎书。上面说：‘汉朝的兴盛，应当与黄帝得鼎的时节相同。汉朝的圣人出在高祖的孙子或曾孙一代。宝鼎的出现是神的意愿，应当举行封禅大典。自古以来，封禅的有七十二王，只有黄帝能登上泰山祭天。’申功说：‘汉朝的君主也应该登上泰山祭天。能登上泰山祭天，就能成仙进天堂了。黄帝时代，诸侯有上万个国，主持祭祀山川的封国就占了七千。天下的名山共有八座，其中有三座在蛮夷地带，五座在中原一带。中原的华山、首山、太室山、泰山、东莱这五座山是黄帝经常游览并与神仙相会的地方。黄帝一面作战，一面修仙。他担心百姓反对他所修的仙道，就审判斩杀了那些诋毁鬼神的人。这样，一百多年后黄帝才得以和神仙对话。黄帝在雍县郊祀上帝，住了三个月。鬼臾区的别名大鸿，他死后葬在雍县，那鸿冢就是他的坟墓。此后，黄帝还在明廷接见过上万的神灵。所谓明廷，就是现在的甘泉宫。所谓寒门，就是现在的谷口。黄帝开采首山的铜在荆山下铸造鼎。鼎铸成后，天上就有一条垂着长须的龙下来迎接黄帝。黄帝骑在龙背上，群臣和后宫七十多人也跟着上去了，龙才上天。其余的小臣们不能上去，就抓住龙的须毛。龙须被拔断，黄帝的弓也掉了下来。老百姓仰望着黄帝上天而去，就抱着他的弓和龙须号啕大哭，所以后人把这里叫鼎湖，黄帝的弓被称作乌号。’”于是，天子说：“啊！我要是也能像黄帝那样，那么离开妻子，也就像脱掉鞋子一样罢了。”随后便任命公孙卿为郎官[①]，派他东去太室山等候神仙。

接着，皇上来到雍县郊祀。还到了陇西郡向西登上了崆峒山，然后回到甘泉宫。命令祠官宽舒等人供设泰一神的祭坛。祭坛按照薄诱忌所说的方式分为三层。五帝的祭坛环居在泰一神坛的下面，各自占据一方。黄帝在西南方，修有八条供鬼神来往的通道。祭祀泰一神所用的祭物，和在雍县所用的相同，并另外增加了甜酒、枣果和干肉等祭品，还杀了一头牦牛作为祭品。只对五帝供奉了肉食和甜酒。祭坛下四周给神仙设有座位，是为随从来的众神仙和北斗星设的。祭祀完毕后，将剩余的酒肉都烧了。其中，牛是白色的，鹿放在牛的体腔内，猪又放在鹿的体腔内，用水浸泡，祭祀日神用牛，祭祀月神就用羊或猪。祭祀泰一神的司祭官员都身穿紫色绣衣，祭祀五帝穿的衣服分别和五帝的颜色一样，祭日神的穿红色衣服，祭月神的穿白色衣服。

十一月辛巳朔日早晨交冬至。拂晓时分，天子就开始到郊外去祭拜泰一神。那天早晨朝拜太阳，傍晚祭祀月亮，行揖礼；而祭拜泰一神则和在雍县郊祀的礼仪一样，祭祀时的祝词说：“当初上天把宝鼎和神策授予皇帝，使他的朝代能一次又一次地改朔，循环往复，周而复始，皇帝在此恭敬地朝拜。”【48】所穿的祭衣规定为黄色。祭坛上布满火炬，祭坛旁边放着烹煮用的炊具。有关主管大臣说：“祠堂上方有光彩显现。”公卿大臣说：“皇帝当初在云阳宫举行郊祀祭拜泰一神时，司祭官员手捧肥美的牲畜进献众神。当晚，

① 郎官：皇帝侍从官的统称，负责护卫、陪仆、随时建议及受差遣等事宜。可分为议郎、中郎、侍郎等。

【48】

天上就出现了美丽的光彩，一直到第二天白天，那黄色的云气一直连着天顶。”太史公和祠官宽舒等人说：“神灵所显示的美好气象，是保佑福禄、预示吉祥的象征，应当在这出现光彩的地方建立泰畤坛，以显示上天的灵应。应该命令太祝领头，在秋冬两季到这里来祭祀，每三年天子来郊祀一次。”

这年秋天，为了讨伐南越而祷告泰一神，用牡荆做旗柄，在旗上画着日、月、北斗和飞龙，以象征天一三星，作为祭祀泰一神的前锋旗，名叫“灵旗”。为军事祈祷的时候，就由太史手捧灵旗指向所要讨伐的方向。这时被派去求仙的五利将军不敢入海，只好到泰山去祭祀。皇上派人暗中监视检验，实在没有看到什么神仙。而五利将军却谎称见到了他的仙师。他的方术已经穷尽，大部分都未能应验。于是皇上杀了五利将军。

这年冬天，公孙卿到河南等候神仙，在缑（gōu）氏城上见到了神仙的足迹，有一个像野鸡一样的神物在城上往来。天子亲自到缑氏城来看这个踪迹。皇上问公孙卿：“你不会是仿效文成将军、五利将军吧？”公孙卿说：“神仙不是有求于人主的，只有人主求神仙。求仙的时候，如果不稍微宽限一些日子，神仙是不会来的。说到求仙的事，就如同迂阔荒诞，不切实际的事情一样，要长年累月、持之以恒才能招来神仙。”于是各郡各国都修筑、清扫道路，修缮宫殿楼台和名山上的神庙，以等待天子驾临。

这年，灭了南越后，皇上有个宠臣李延年带着美妙的音乐来进献皇上。皇上很赞赏他的音乐，便交给公卿大臣们讨论。皇上说：“民间祭祀的时候都有鼓舞音乐，如今皇上郊

【49】

祀却没有音乐，这怎么合适呢？”公卿们说：“古代祭祀天弛神灵都有音乐，这样，天地神灵才会享受祭祀。”有人说：“泰帝让素女弹奏五十弦的瑟，音调悲切，泰帝受不了这种悲切，便把五十弦的瑟改为二十五弦。”于是，在为平定南越而举行的报答泰一神、后土神的祭礼上，首次采用了乐舞，增加了歌手，而二十五弦瑟和箜篌的制作从此开始流行起来。

第二年冬天，皇上提议说：“古代的帝王要先整顿队伍，遣散军队，然后才举行封禅大典。”于是便北上去巡视朔方郡，统率十余万兵力。回来时在桥山祭祀了黄帝陵墓，在须如遣散了军队。皇上说：“我听说黄帝并没有死，如今却有坟墓在此，这是怎么回事？”有人回答说：“黄帝已经成仙上了天，这里埋的是他的衣帽。”到达甘泉宫后，为了将在泰山举行的封禅大典，皇帝事先在这里祭祀了泰一神。【49】

自从获得宝鼎后，皇上就与公卿大臣和许多儒家弟子商议封禅的事，封禅大典有很长时间没有举行过了，其仪式典礼几乎失传了，大家都不知道应该举行些什么样的仪礼。【50】儒生们主张将《尚书》《周官》《王制》[①]中关于天子望祀射牛等事用于封禅祭典。齐人丁公，年已九十多岁。他说：“举行封禅大典的人，应当留下永垂不朽的盛名。秦始皇中途遇雨没能登上泰山祭天。陛下一定要上山，只要稍微上去一些，就没有风雨了，最终肯定能上山祭天。”于是，皇上命令所

① 《尚书》《周官》《王制》：均为古代典籍。《尚书》：是我国现存最早的关于上古时代典章制度的著作，其中也保存了商及西周初期的一些史料，相传曾由孔子编选，被儒家列为经典之一。《周官》：即《周礼》，是一部记载周朝礼仪制度的典籍。《王制》：是《礼记》中的篇名，记述古代有关封国、爵禄、祭祀等典章制度。

【50】

有儒生都学习射牛技术，草拟封禅的礼仪。几年后，临到将要实行封禅了，天子又听到公孙卿和方士们说，黄帝之前的帝王举行封禅，都招来了奇异之物与神仙相见。想要仿效黄帝，曾经也接待过神仙的使者蓬莱方士。他超脱于世俗之上，德行能与远古的九皇①相媲美。而且他还广泛采用儒家学说加以完善。但是，儒生们既不能阐明封禅事宜，又拘泥于《诗经》《尚书》等古籍而不敢自由发挥。皇上把封禅用的礼器拿给儒生们看，儒生们有的说："这与古代的不相同。"徐偃又说："太常祠官们行的礼不如古代鲁国的好。"于是，当周霸还在聚会谋划封禅事宜的时候，皇上就贬退了徐偃和周霸，将儒生们都罢免不用了。

三月份，皇上向东到缑氏县，登上中岳太室山举行祭祀。侍从官在山下仿佛听到有呼"万岁"的声音。就问山上的人，山上的人说不曾呼喊过。又问山下的人，也说没有喊过。于是皇上将三百户划作太室山的封邑，以供祭祀用，并命名为崇高邑。随后，皇上乘车登临泰山，山上的草木树叶还没生长出来，便派人将石碑运上山去，竖在泰山的顶峰。

皇上随后又乘车巡到海上，对八方之神行礼祭祀。齐国上书谈论神奇方术的人数以万计，然而却没有一个能应验的。于是皇上增派船只，命令那些说海中有神山的几千人去寻求蓬莱仙人。【51】公孙卿拿着符节带头，先去等候名山的神仙。到东莱时，他说夜晚曾看到一个人，有几丈高，靠近看时就不见了。看到他的足迹很大，类似禽兽的脚印。众臣中有人

---

① 九皇：传说中远古时期的帝王，兄弟共九人，分管天下九州，所以称为九皇。

【51】

说曾见到一个老人牵着一条狗，对人说“我想见一见天子”，随即又不见了。皇上见到那大脚印时，还不大相信，等到众臣谈到老翁的事后，就完全相信那老翁就是仙人了。于是在海上逗留下来，拨给方士们驿车，并派出数以千计的人去寻求仙人。

四月份，皇上回到了奉高县。皇上考虑到儒生和方士们提出的封禅礼仪各不相同，又缺乏根据，难以施行。天子到了梁父山祭祀了地神。乙卯日，命令任侍中的儒生头戴鹿皮帽子，身穿朝会时的服装，自己亲手射牛行礼。天子又在泰山下的东方设坛祭天，礼仪与郊祀泰一神一样。祭坛宽一丈二尺，高九尺，祭坛下面放着用玉装饰的祭文。祭文的内容保密。行礼完毕后，天子单独与侍中奉车都尉①霍子侯登上泰山，也设坛祭了天。这些事都是禁止向外泄露的。第二天，天子从山北取道下山。丙辰日，在泰山脚下东北方的肃然山祭祀地神，礼仪与祭祀后土神相同。整个过程，天子都亲自拜祭，身穿黄色祭服，并且全部用音乐伴奏。又采用了江淮一带出产的一种有三条脊棱的茅草为神灵们做垫席。并且用五色土填满祭坛。还放出远方出产的珍奇野兽飞禽以及白毛野鸡等动物，祭祀非常隆重。没有采用兕（sì）牛、旄牛、犀牛和大象一类的动物。祭祀完毕后，大家都回到泰山，然后才离去。就在当天晚上，天空好像有光彩闪现，白天则有白云从祭坛上升起。

天子从封禅的场地回来，坐在明堂上，群臣轮流上来祝

---

① 侍中奉车都尉：侍中，是从列侯以下至郎中的加官，侍从于皇帝左右。奉车都尉，也叫奉车，负责掌管皇帝的车马。

福，于是皇帝给御史下诏：“我以微不足道的身躯继承了最尊贵的王位。我小心谨慎，生怕不能胜任王位。我的德才微薄，不明了礼乐制度。在祭祀泰一神的时候，天空好像有吉祥的光彩，连绵不断地闪现。我被这奇异之物深深地震惊了，想停止祭祀，但又不敢，便登上泰山举行封禅大典。到了梁父山后，又在肃然山祭祀天地。以后我应当修德自新，希望与士大夫重新开始。特赐给老百姓每百户一头牛、十石酒，给年过八十的孤寡老人布帛二匹，免除博县、奉高、蛇丘、历城今年的租税。大赦天下，如同乙卯年的赦令一样。我巡行经过的地方，不再实行监外劳役。凡是两年前犯罪的，都不要追究了。”又下诏说：“古代天子是五年巡狩①一次，到泰山举行祭祀，诸侯都有朝会时的住宿地。现在命令诸侯各自在泰山脚下修建住宿的府第。”

天子在泰山封禅完毕，没有遇到风雨之灾。同时，又有方士说蓬莱等神仙或许要到了。于是，皇上高兴地想到也许可以看到他们了，便继续向东行进，到海上去观望，希望能看到蓬莱仙岛。这时，奉车都尉霍子侯突然得了急病，当天就死了。于是，皇上沿海而上，北行到碣石后，到辽西去巡狩了一番。随后一直北行到了九原。五月份，在返回甘泉宫的途中，有关主管大臣建议说，可以把宝鼎出现的那年年号定为元鼎，以今年为元封元年。

这年秋天，有颗星在井宿的星区闪闪发光。过了十几天，又有星星在三台星区光芒四射。负责望气的方士王朔说：“我

---

① 巡狩：古代帝王到各地巡行视察，诸侯所守的地方。

【52】

在观察时，看见有颗星星出现时形状像瓠（hù）瓜，只有一顿饭的工夫又不见了。”有关主管官员说：“陛下创建了汉朝封禅的礼制，这是上天现出德星来报答您的功绩。”【52】

第二年冬天，皇上到雍县郊祀五帝。回来后，用向神灵说话求福的方式祭拜泰一神。祝词说：“德星光芒四射，这是吉祥的征兆。南极星随后也出现了，星光照耀得很深远。土星昭然若现，皇帝敬拜太祝所祭祀的各位神灵。”

这年春天，公孙卿说他在东莱山见到了神仙，好像听到神仙说：“想见一见天子。”于是天子驾临缑氏城，任命公孙卿为中大夫。随后来到东莱山，逗留了几天，也并没见到什么，只看到巨人的脚印。皇上再次派了数以千计的方士去寻找千奇百怪的东西，采集长生不老的草药。这一年，全国出现了旱灾。因为天子这次出巡没有正当理由，于是便转而来到万里沙祷告求雨。经过泰山的时候，再次祭拜了鬼神。回到了瓠子口，又亲临黄河决口处，逗留了两天，向河里投入白马、玉璧，以祭祀河神。随后派将军汲仁和郭昌率领士兵填堵决口处，使黄河改道从两条河渠入海，恢复了夏禹治水时的面貌。

当时已经消灭了南越。越地人勇之进言说：“越地人非常相信鬼神，因而他们在祭祀时都能看见鬼，非常灵验。过去东瓯王①敬鬼，他就活到了一百六十岁的高寿。后来的人怠慢了鬼神，所以才衰败的。”皇上便命令越地的巫师建立越式的祠庙，筑起祭台，但不筑祭坛，用来祭祀天神、上帝

① 东瓯王：即东海王，是东越人的首领，名摇，公元前192年被立为东海王。

和百鬼，并用鸡骨占卜。因为皇上相信这些，于是越式的祠庙和采用鸡骨占卜的祭祀方法就这样开始流传起来。

公孙卿说："仙人是可以见到的，但皇上求仙时，往往操之过急，所以见不到仙人。如今陛下可以在京城建筑庙宇，像缑氏城一样，供设干肉和枣果等祭品，神仙大概就可以降临了。而且仙人喜欢居住在楼上。"于是，皇上就命令在长安建造蜚廉观和桂观，在甘泉宫建造延寿观。派公孙卿捧着符节，摆好供品，等候神仙的到来。还建造了通天台，在台下摆好供品，以便招来众神仙。与此同时，在甘泉宫又建起了前殿，开始扩建各处宫室，夏天，在殿房里发现长出了灵芝草。天子因为填堵了黄河决口，兴建了通天台，天上好像出现了神光，便下诏书说："甘泉宫房里长出了九株灵芝草，因此大赦天下，免除复作[①]的监外劳役。"

第二年，皇上出兵讨伐朝鲜。夏天出现了干旱天气。公孙卿说："黄帝每次封坛祭天，天就要干旱。这样连续旱三年，封坛里的土就干燥了。"皇上便下诏书说："天气之所以干旱，看来是为了干燥封土，因此，特令天下老百姓祭奠灵星[②]。"又过了一年，皇上到雍县郊祀，随后通过回中谷道，沿途巡行，于春天到达鸣泽，然后从西河回到长安。第二年冬天，皇上到南郡巡视，到江陵后就向东而行，登上潜县的天柱山祭祀，称它为南岳。然后乘船游览长江，从寻阳出发，到达枞阳，途经彭蠡泽。一路上祭祀名山大川。北行到琅邪后，再沿海

---

① 复作：刑律的名称，是一种对罪行较轻的罪犯实现不戴刑具，不穿囚衣而服劳役的刑法。

② 灵星：是传说中一种主宰庄稼的星，也有人说是一种主宰庄稼的神。

而上。四月中旬，到达奉高县举行了封禅典礼。

当初，天子在泰山封禅时。泰山东北脚下有古代建造的明堂遗址，这里地势险要而狭窄。皇上想在奉高县旁边另建明堂，但不知道明堂的形式和规模。济南人公玊（sù）带献上黄帝时期的明堂图。明堂图中有一座殿，四面都没有墙壁，顶上用茅草覆盖，殿堂四面可以通水。用复道环绕宫垣，上面有楼，从西南方进入，命名为昆仑。天子从这里进入殿中，祭拜上帝。于是武帝就命令在奉高县的汶水旁边，按照公玊带的图样修建明堂。等到五年后来举行封禅大典时，就在明堂的上座祭祀泰一神和五帝，把高祖皇帝的灵位设在对面。在下房祭祀后土神，用二十头牛作祭品。天子从昆仑道进去，开始按郊祀的礼仪在明堂祭拜。祭礼完毕后，再在堂下烧柴祭祀。接着，皇上又登上泰山，在山顶秘密举行祭祀。在泰山下祭祀五帝的时候，按不同的方位祭祀各位大帝。只有黄帝和赤帝同在一个方位。这些都由主管官员参加陪祭。祭祀时在泰山上举火，山下也烧火相应。

两年之后，十一月甲子日是朔日，早晨交冬至。推算历法的人都以此作为起点。天子亲自到了泰山，在这一天到明堂去祭祀上帝。没有用封禅的礼仪。祭祀的祝词是："上天加授给皇帝泰元①神策，周而复始。皇帝敬拜泰一神。"然后东行到海上，考察那些入海求神的人和求仙的方士。没有任何结果，但仍然增派人前去求寻神仙，希望能见到神仙。

这年十一月乙酉日，柏梁台遭了火灾。十二月甲午日是

① 泰元：天的别称。

【53】

朔日，皇上亲自到高里祭祀后土神。随后来到渤海，遥祭蓬莱山众神，希望能到神仙居住的地方去。

皇上回到京城，由于柏梁台发生了火灾，于是改在甘泉宫上朝受理各郡国上报的各类报表。公孙卿说："黄帝建成的青灵台，十二天后就被烧了，黄帝便再建了明庭。所谓明庭，就是甘泉宫。"很多方士也说古代的帝王也有在甘泉建都的。此后，天子又在甘泉宫召见了诸侯，在甘泉宫修建了诸侯的府第。勇之便说："按越地的风俗，发生火灾后，再建的屋一定要比原来的大，以便制服火灾。"于是营造建章宫，其规模宏大，有千门万户。其前殿比未央宫还高大。它的东面是凤阙，高二十多丈。它的西面为唐中池，有几十里的养虎的地方。北面修建了一个大池子，池中的渐台高二十多丈，名为太液池，中间有蓬莱、方丈、瀛洲、壶梁仙山，仿照海中神山和海龟、海鱼之类的东西建造的。建章宫的南面有玉堂、璧门、大鸟之类的建筑物，还建了神明台、井幹楼，高达五十多丈，楼台之间建有供皇帝乘车来往的空中阁道互相连接。【53】

夏季里，朝廷更改历法，以正月为一年的开始，车马服饰崇尚黄色，官名印章改为五个字，也因此将这年定为太初元年。这一年向西讨伐了大宛。当年，发生了蝗灾，丁夫人和洛阳人虞初①等人用方术祈求鬼神加祸于匈奴和大宛。

第二年，有关主管官员说，雍县五畤祭祀时，没有准备芳香的熟牲作祭品。天子便命令祠官用熟牛犊祭献各畤。毛

① 虞初：人名，曾任侍郎，号称"黄衣使者"。相传著有《虞初周说》。

色按五行相克的原理，选用各方天帝所能制胜的颜色献上，祭祀用的马则用木偶马代替，只有祭祀五帝的时候用真马，皇上亲自郊祀也用真马，在各名山大川祭祀也用木偶马代替，皇帝出巡经过的地方，才用真马祭祀，其他祭礼不变。

次年，武帝东巡到海上，考察求神仙的事，没有任何人求来神仙。有的方士说："黄帝时有五城十二楼，以便在执期[1]迎候神仙，命名为迎年楼。"皇上同意按照方士说的建造楼台，命名为明年楼，皇上穿着黄色衣服，亲自去祭祀上帝。

公王带说："黄帝时虽然在泰山封禅，但风后、封巨、岐伯要黄帝到东泰山筑坛祭天，到凡山乃开辟场地祭地，两地所得的符瑞相合的话，就可以长生不死了。"天子便命令准备祭礼，来到东泰山。东泰山矮小，与它的名声不相称，便命令祠官只在此祭祀，而不在此举行封禅大典。【54】然后让公王带在这里祭祀等候神仙。到夏季，皇上便回到泰山，按惯例举行五年一度的封禅大典，另外在石闾山祭祀地神。石闾，位于泰山南面，很多方士说这里是仙人的住处，所以皇上亲自到这里来祭祀地神。

五年以后，武帝再次来到泰山举行封禅典礼，回去时顺路祭祀了常山。

当今天子所建立的神祠，泰一祠和后土祠，每三年都要亲自来此郊祀一次。所创建的汉朝封禅大典，每五年举行一次。由薄诱忌建议修建的泰一祠和三一、冥羊、马行、赤星等五座神祠，由宽舒领头的祠官每年按时献祭。总共六座神

---

① 执期：传说中的一个地方。

【54】

祠，都由太祝主管。至于八神中的各位神仙，明年、凡山等其他著名神祠，天子出巡经过时便举行祭祀，离去之后便作罢。方士们兴建的神祠，则由他们各自主持致祭，兴建的人死了，致祭也就作罢，祠官不再主持祭祀，其他神祠都按原来的规定办。当今皇上从封禅开始，已过了十二年，他将五岳、四渎的神灵都祭遍了，而方士们迎候祭祀神仙的、去海上寻求蓬莱仙岛的，最终也没有应验。公孙卿等候神仙，尽管还以巨人的足迹做解释，但也没有真正效果。天子逐渐厌恶方士们的奇谈怪论了，然而始终对他们恩宠有加，总希望能真正遇到神仙。从此以后，来谈论祭神的方士越来越多，然而，其效果可想而知。

太史公说：我跟随皇上出巡，祭祀天地诸神、名山大川，参加封禅大典，进入寿宫旁听了祭神的祝词，以探究观察方士和祠官们的用意，在这里我依次论述自古以来祭祀鬼神的史实，将这些里里外外的情形做一番披露。后世的君子可以看到这些情形。至于祭祀时采用的玉、帛等物品，献祭酬劳神仙的礼仪，则是由有关主管官员记述的。

史记卷十三

三代世表

扫描二维码
阅读本篇原文

太史公说：关于五帝以及夏、商、周三代的记载，年代已经十分久远了。自殷商之前的诸侯无法编排谱系，周以来的才稍稍能够记录。孔子依据有限的史籍和文献编著《春秋》纪元，《尚书》记录亦不齐全，连年岁也没有，有的有记述，可是大多数没有，无法参考和记录。所以有疑问的地方就保留疑问，孔子这样做大概是因为谨慎吧。

我阅读了牒谱，黄帝以来有年代的记叙。考察那些历书、谱牒和五德终始循环转换的情况，古代文献记载全都不一样，还存有差异和矛盾。孔子没有根据这些书排列那些年月，难道是没有道理的吗！于是，我利用《五帝系谍》《尚书》编排的世系，记载黄帝以来到共和这一时期，撰成《三代世表》。

三代世表

（以下为褚少孙补写的内容）

张夫子问褚先生说：“《诗经》里说契和后稷都没有父亲，现在又传说他们的父亲是黄帝，难道《诗经》是谬记？”

褚先生说：“不是这样。《诗经》说契是蛋生，这是想表示天命精诚的意思。鬼神不能自己生成，必须靠人产生，怎么会没有父亲就诞生呢！有人说有父亲，有人说没有，两种说法，有人相信，有人怀疑。尧知晓契和后稷都是当世贤人，都是天生，所以给契七十里地为封邑，传了十多世后至汤，汤得天下为商。尧知晓后稷的子孙也必得天下，因而给后稷百里地为封邑。千年后，果然后稷的子孙文王得了天下，是为周。《诗传》说：汤的先祖是契，没有父亲就出生了，他的母亲和姐妹到玄丘水洗澡，有一只燕子衔着的卵掉落下来，契的母亲因为好奇误食而生了契。契生来就贤明，尧封他为司徒，专司土地疆域管理。尧赐契姓子，子就是兹，是慢慢生长强大的意思。诗人称颂说：‘殷的土地茫茫，上天命令玄鸟，降生了商。’商就是质朴，是殷的美号。文王的先祖后稷也没有父亲，他的母亲叫姜嫄，她出门遇到巨人脚印，踩踏后生下后稷，姜嫄嫌弃这个孩子没有父亲，就把他丢弃在道路上，结果有牛羊过也避而不践踏他。把他抛弃到荒山里，有山里人来喂养他；把他丢到大泽里，有飞鸟张翅为他铺垫和喂食。姜嫄感到非常奇怪，认为他是上天之子，于是把他抱回来养大。尧知晓后稷贤明，就启用他为大司农，主管农业。赐他姓姬，是根基、根本的意思。诗人称颂他‘当初生下这个人，加以磨炼，有所成就，来称道后稷是周的始祖。’孔子说：‘过去尧赐契姓子，后来有了商汤；赐后稷姓姬，后来有了文王建周。太王受天命传位季历，是为祥瑞，太伯建吴，是后稷子孙繁衍的本源。’天命是很难言说，非圣人难以预见的。舜、禹、契、后稷都是黄帝的子孙，黄帝顺应天命而治理天下，恩德惠及后世。所以其子孙纷纷都成为天子而拥有天下，这是上天的安排回报他的恩德。世人不知道，以为市井的凡夫俗子也能平白无故受天命，平民百姓凭什么能无故拥有天下？要受天命才能这样。”

“黄帝的后代称王天下为什么那么长久呢？”

诸先生说：“《诗传》说，天下的君主是人民的领袖，延续人民生命的人可以称帝，恩泽后世，黄帝就是这样的人。施以五政，制定礼仪，顺应天命，起兵讨伐，胜利者为王，福荫千世。蜀王是黄帝的后裔，现在还在大汉西南五千里地的地方，称降于大汉，常来朝贺献贡。不是因为其祖先的恩德吗？行道布德是不可敷衍的，为人君主称王天下的人要自查反省。大将军霍子孟，名光，也是黄帝的后裔。这些事情只能和博闻远见的人讨论，很难和见识浅短的人说。为什么这样说呢？古时候各诸侯都是以封地为姓，霍是国名，周武王封他弟弟叔处为霍国国君，后来晋献公灭掉霍国，霍氏的后裔就成为庶民了。他们居住于平阳，而平阳在河东，河东从前是晋地，后来三家分晋，成了魏国的土地。《诗经》里说，魏也可以为周的后裔。周兴起于后稷，后稷是没有父亲的，三代以来的传说，后稷的父亲是高辛（即帝喾），高辛是黄帝的曾孙。《黄帝终始传》说：‘大汉兴起百年后，有不高不矮、出自白燕之乡的人把持天下。当时天子年幼，这个人能够使天子的车倒退。’霍光本居于平阳白燕，当时我任郎官，与方士考功相会于旗楼下，他们对我说起这事，难道不是壮举！”

史记卷十四

十二诸侯年表

扫描二维码
阅读本篇原文

太史公读《春秋历谱牒》，每每读到周厉王时，都会合书感叹万分说："哎，周朝至厉王衰败，师挚早有预见。商纣王用象牙做筷子的时候，箕子也同样叹息。"周朝的道义缺失，诗人以夫妻之道昭示仁义道德，作了《关雎》。道德仁义败坏，诗人又做了《鹿鸣》讥刺。到了厉王时，他最不喜欢别人说他的过失，三公九卿因为惧怕被诛灭而作祸生乱。厉王只好出京师逃到彘地避祸，祸乱从京城爆发，因此有了周公和召公的共和行政。这以后各诸侯以强凌弱，相互杀伐，动用军队根本就不用请示天子。又以王室的名义征讨攻伐，成为诸侯盟主，政令均出自春秋五霸，诸侯横行霸道，骄奢淫逸，行为不轨，置法度而不顾，乱臣贼子层出不穷。齐、晋、秦、楚在周建立的时候均是微不足道的小诸侯，封邑大的有方圆百余里，小的也有方圆五十里。而晋依仗三河之险，齐背靠东海，楚盘踞于长江淮河之间，秦利用雍州的险要。他们在周的四方兴起，充当各方霸主。当初文王、武王褒封的大诸侯，都摄于他们的武力而从服于他们。

所以孔子想要彰显王道，游说于七十余位诸侯国君，却没有一个听他的主张。于是孔子西行到周王室，汇集各国的史籍记载和以前的旧闻，然后回到鲁国编撰了《春秋》，上至鲁隐公，下至鲁哀公猎获麒麟，简约文字，精炼语句，删除烦冗的部分，以此修订历史的意义和理法，目的是让王道能够齐备，人事得以周全。他有七十多个高徒，凭口述而领会《春秋》的要义，因为其中蕴含了讥讽、谴责、褒奖、忌讳、抑扬的意思，不是便于书写表达的。鲁国君子左丘明害怕众弟子各持己见，各自有所解读，以至于失去孔子本意，所以依照孔子的思想，完整地记述了历史的经过，编撰成《左氏春秋》。铎椒任楚威王太傅，由于楚王不能全面理解《春秋》要义，他便摘抄其中关于国家兴衰成败的地方，编著四十章，名为《铎氏微》。赵孝成王的时候，虞卿上采《春秋》，下看近代各国形势，也编辑成八篇，是为《虞氏春秋》。吕不韦是秦庄襄王的相国，也上看前代古史，删减补合《春秋》，汇集当时六国局势，编成八览、六论、十二纪，著成《吕氏春秋》。至于荀卿、孟子、公孙固、韩非等人，纷纷摘抄《春秋》言论，著书立说，这样的人和事有许多，就不一一列举。汉代丞相张苍根据《春秋》编制历法，上大夫董仲舒推论《春秋》的大义，都著作了不少文章。

太史公说：儒家学者截取《春秋》要义，纵横家取《春秋》雅词，都忽略了《春秋》前后贯通的历史过程。历法家只取用其中的年月记载，阴阳术士只注重神意气韵，牒谱家记录世系、谥号，他们的文字都很片面，要从他们的抄录里了解全面的历史和要义是非常困难的。于是我就编写了《十二诸侯年表》，从共和元年到孔子辞世，列表反映《春秋》《国语》的内容，两本书批评历史兴衰演变，都体现在这篇年表中，为那些研究古文的人删除烦冗，留下要点。

十二诸侯年表①　　十二诸侯年表②　　十二诸侯年表③

史记卷十五
六国年表

扫描二维码
阅读本篇原文

太史公研读《秦记》，看到上面记载犬戎部族击败周幽王，周平王东迁都城到洛邑，秦襄公因护驾有功开始被封为诸侯，建造西畤来侍奉上帝，这表明秦国越位犯上的苗头已经显现出来了。《礼记》上说："天子祭祀天地，诸侯祭祀国内的名山大川。"当时秦国的风俗夹杂着西戎北狄的习俗，把暴力摆在首位，将仁义放在后头，身份是诸侯，却在祭祀规格上同天子平起平坐，君子们对此感到后怕。到秦文公向东越过陇山，驱逐戎狄，祭祀宝鸡的神祀，开发了岐山、雍地这片地区，而秦穆公修明政治，把东部国境扩展到黄河西岸，就与齐桓公、晋文公这些中原霸主势均力敌了。此后，诸侯的权力又落入了大臣之手，大夫们也世代保持政治地位，六卿独揽晋国的大权，无论征伐还是会盟，威势都在诸侯之上。到田常杀掉齐简公而自任齐相，诸侯却无动于衷，不去讨伐，这标志着诸侯在海内已经开始用军事武力相互争斗了。韩、赵、魏三家终于瓜分了晋国，田和也吞灭了姜氏，将齐国据为己有，六国并立的强盛局面由此开始了。当时各国的首要之务都在于壮大军事力量，兼并对方，因而权谋诈术得到普遍应用，合纵连横的学说也相继兴起。各种谎言骗局蜂拥而出，誓词盟约毫无诚意，即使互派人质、剖符为凭，还不能相互约束。秦国起初只是一个偏远小国，中原各国都排斥它，把它看作戎狄。但从秦献公以后，秦国一直在诸侯中称雄。

论起秦国的德义，还不如鲁、卫两国中那些凶暴乖戾的人；计量秦国的兵力，也不如三晋强大，但最后却是秦国吞并了天下，这不仅是因为秦国凭据天险攻守方便和形式时机的便利，而好像是上天对它有所扶助似的。

有一种说法认为："东方是万物开始萌生的地方，西方是万物最后成熟的地方。"据此看来，开创事业的人必定出现在东南，获取胜利果实的人常常诞生在西北。所以大禹在西羌兴起，成汤在亳地崛起，周人建立王朝是因为有丰、镐作根据地去讨伐殷商，秦国完成帝业是由于有雍州当大本营才日益强大，汉朝兴盛是从巴蜀汉中开始的。

秦始皇统一天下，焚烧天下《诗》《书》，各诸侯国的历史烧毁得尤其厉害，因为书中有讽刺讥笑秦国的地方。《诗》《书》之所以重新流传于世，是因为收藏的人家很多，而各国的史书只专门收藏在周王室，因此一下子就全毁灭了。可惜呀！可惜呀！如今只有《秦纪》传下来，又不写明日月，文辞也简略，内容不完整。但是战国时代关于变通和应急的对策有大量可以采用的，为什么非守着上古不可呢？秦国夺取天下暴行很多，但能随着时代的不同而相应调整对策，因此获得了巨大的功业。古代文献说："效法后代帝王。"这是为什么呢？因为时代距离自己近，当代民俗的变化也和那个时期差不多，道理讲起来浅显明白，容易推行。一般的读书人局限于平常听到、看到的那点东西，看见秦朝高居皇帝宝座的时间很短促，不考察它本身发展的全过程，就全盘否定，加以讥讽，这和用耳朵吃东西没有什么两样，真可悲呀！

我于是根据《秦纪》编撰这份表，接在《春秋》后面，上起周元王，列表编排六国发生的事件，下至秦二世，总共二百七十年，记载各国兴盛衰败的头绪。后世的君子可以用这个年表浏览各国历史变迁。

六国年表

知识拓展

耳食之言

释义：指没有确凿的根据，未经思考分析的传闻。

出处：《史记·六国年表》：“学者牵于所闻，见秦在帝位日浅，不察其终始，因举而笑之，不敢道，此与以耳食无异。”

史记卷十六

秦楚之际月表

扫描二维码
阅读本篇原文

太史公研读关于秦楚之际的记载，说：最早发难的是陈胜；残酷暴戾地灭掉秦朝的是项羽；拨乱反正，诛除凶暴，平定天下，终于登上帝位，取得成功的是汉高祖。五年之间，号令变更了三次，自从有人类以来，帝王受天命的变更，还不曾有这样急促的。

当初虞舜、夏禹兴起的时候，他们积累善行和功劳的时间长达几十年，百姓都受到他们恩德的润泽，他们代行天子的政事，还要受到上天的考验，然后才即位。商汤、周武称王是由契、后稷开始的，讲求仁政，实行德义，经历了十几代，到周武王时，竟然没有约定就有八百诸侯到孟津相会，但武王还认为时机不到。过了好久商汤才放逐了夏桀，武王才杀了殷纣王。秦国自襄公时兴起，在文公、穆公时显示出强大的力量，到献公、孝公之后，逐步侵占六国的土地。经历了一百多年以后，到了秦始皇时期才兼并了六国诸侯。像舜、禹、汤、武那样实行德治，像秦国这样使用武力，才能成功，统一天下是如此艰难!

秦始皇称帝之后，忧虑过去的战争之所以不断，是由于有诸侯的缘故，因此，对功臣、宗室连一尺土地都没有分封，而且毁坏有名的城池，销毁刀箭，铲除各地的豪强势力，打算保持万世帝业的安定。然而帝王的功业却兴起于民间，天下英雄豪杰互相联合，讨伐暴秦，气势超过了三代。从前秦国的那些禁令，恰好用来资助贤能的人，为他们灭秦排除患难。因此，汉高祖发奋有为而成为天下的英雄，怎么能说没有封地便不能成为帝王呢？这就是上天把帝位传给所说的大圣人吧！这难道不是天意吗？这难道不是天意吗？如果不是大圣，谁能在这乱世中承受天命建立帝业呢！

秦楚之际月表

知识拓展

拨乱诛暴

释义：治平乱世，诛灭强暴。

出处：《史记·秦楚之际月表》：“拨乱诛暴，平定海内，卒践帝祚，成于汉家。”

史记卷十七

汉兴以来诸侯王年表

扫描二维码
阅读本篇原文

太史公说：殷朝以前年代太久远了，封爵情况不可考证。周朝的封爵分为五等：公、侯、伯、子、男。封伯禽、康叔于鲁、卫，地域各为四百里，这是以亲戚之义为本，同时也是对有德之人的褒奖。封姜太公于齐，兼有五个侯爵的封地，这是对勤劳者的尊崇。武王、成王、康王所封的诸侯有数百个，其中与周室同姓者有五十五个，他们的封地最大不过百里，最小者只有三十里，用来辅卫王室。管、蔡、曹、郑这几个国家一开始的封地，有的超过爵位应得之数，有的则不足。厉王、幽王以后，周室衰败，争强称霸的诸侯国兴盛起来，天子的力量微弱，不能纠正。这并不是天子的道德不纯厚，而是形势衰弱的缘故。

汉兴以后，封爵为王、侯二等。高祖晚年规定，如果不是刘氏而封王的，或没有军功而封侯的，天下人可以共同讨伐他。高祖的子弟同姓而被封为王的有九人，只有长沙王吴芮是异姓，而有功之臣被封为侯者有一百多人。西起雁门、太原，东至辽阳，是燕国和代国；常山以南，太行山以东，过黄河、济水、阿县、甄县以东一直到海边，是齐国和赵国；从陈县以西，南至九嶷山，东含长江、淮水、穀水、泗水，直到会稽，是梁国、楚国、吴国、淮南国、长沙国，这些国的疆界都和匈奴、越国接壤。而内地北到太行山以东，都是诸侯王的封地，大的诸侯国有五六个郡，数十个城，设置百官，建造宫殿，违反制度使用了天子的规模。汉朝只有河东、河西、河南、东郡、颍川、南阳，以及从江陵以西至蜀地，北从云中至陇西，加上内史共十五个郡，公主、列侯的食邑有不少也在其中。为什么会形成这种局面呢？因为天下初定时，皇帝的同姓子侄较少，所以广泛地封了一些旁系子弟，用以镇守四方，保卫天子。

汉朝平定天下以后百年之间，诸侯王与天子的关系更加疏远，有的诸侯王骄奢起来，习惯于听从奸邪之臣的计谋去做荒淫无道之事，严重的谋反叛逆，轻微的不守法度，以至于危及生命，丧身亡国。当今皇帝借鉴上古的办法，然后加赐恩惠，使诸侯王得以施恩惠于子弟，并分封给他们国土。所以齐分为七国，赵分为六国，梁分为五国，淮南分为三国，连同天子的庶子被分为王的、诸侯王的支子被分为侯的，共有一百多个。吴楚反叛时，有的诸侯王先后因犯罪而被削减封地，因此燕、代失去了北部的郡，吴、淮南、长沙失去了南部的郡，齐、赵、梁、楚的支郡、名山大湖也都被朝廷收回。诸侯的势力渐渐衰弱，大国不过十余城，小侯不过数十里，对上足以完成给中央的进贡，对下足以供养和祭祀，完成保卫京师的责任。汉王朝直辖的郡有八九十个，交错在诸侯国之间，犬牙相临，控制着要塞的地利，形成了本干强大、枝叶弱小的形势，使国家的尊卑分明，万事各得其所。

臣司马迁恭谨地记载了高祖以来至太初年间各诸侯王国的情况，用列表的方式记录各国兴衰损益的时间，使后世参考借鉴。现今朝廷形势虽然强大，但更重要的还是以仁义为本。

汉兴以来诸侯王年表

史记卷十八

高祖功臣侯者年表

扫描二维码
阅读本篇原文

太史公说：古代把臣子的功劳分为五等：依靠仁德安定国家的称“勋”；依靠出谋划策的称“劳”；借助武力的称“功”；建立国家秩序的称“伐”；长年累月积攒功绩的称“阅”。高祖的封爵誓词上讲：“即使黄河干枯得像衣带那样细，泰山平得像磨刀石那样低矮，你们的封国也会永远安宁，还要把对你们的恩泽延及给后代。”朝廷最初不是不想稳固这些功臣们的诸侯国，但那些后代子孙却渐渐地衰微了。

我读了有关高祖给功臣们封侯的史料，考察了他们初次受封及他们后嗣失掉侯位的原因，认为：实际的情况真是和我所听到的传闻不一样！《尚书》说“各国都应和谐相处”，直到夏、商时代，有的邦国竟经历了几千年。周朝分封了八百个诸侯，经幽王、厉王之后，在《春秋》的记载上还能见得到。《尚书》上记载了唐尧、虞舜时的侯、伯，经历夏、商、周三代的千余年，仍然保全着自己的地位，继续护卫着天子。这难道还不是因为他们坚守仁义、遵奉君主的法令吗？汉朝兴起了，受到分封的功臣有一百多人。当时天下刚刚安定，以前那些大城市的人口离散逃亡，能够统计的户口不过原来的十之二三，因此，大侯的封户不过万户，小的只有五六百户。以后几代，民众们都回归故乡了，户口才日益繁衍起来。萧何、曹参、周勃、灌婴这些人的后裔，有的封户达到了四万户，小侯的封户也增加了一倍，财产像这样不断积累，他们确实富裕厚足了。于是，这些人的子孙骄傲自满，忘记了自己祖先创业的艰难，干起了荒淫邪恶的勾当。到太初年间，才百余年的时间，而原来的侯爵保持至今的只剩下五家，其余的都因犯法而丧命亡国，全都消亡了。现在的法律渐渐严密，然而他们自己也没有小心翼翼地对待当世的法令啊！

生活在今世，学习古代的处事原则，是要把它当作镜子来对照自己，不是要求今天就与古代完全一样。帝王们完全可以制定不同的礼法，采取不同的统治方法，主要还是以成就功业为目的，哪能古今完全一致呢？观察汉代这些诸侯为什么受到尊荣恩宠，后来又受到废黜羞辱，可以从中总结经验教训，何必非得探求古时的传闻！于是我考察记录了功臣侯们的兴衰始末，把关于他们的文献改列成下表，其中有些记述不够完整，但只要无误的都会写明白，不清楚的就空着。以后如果有人想继续推究和说明其中的道理，这个表还是可以参阅的。

高祖功臣侯者年表

史记卷十九

惠景间侯者年表

扫描二维码
阅读本篇原文

太史公阅读列侯分封的档案，读到便侯时，说道：真是事出有因啊！长沙王吴芮被封为诸侯王，著录在法令的第一篇，他的忠诚受到称赞。当初高祖平定天下，功臣之中不是皇室同姓宗亲而受封为诸侯王的共有八国。到孝惠帝时，只剩下长沙王能够保全自己的封国，接连传承五世，最后因为没有后嗣才绝封，自始至终没有犯什么过错，作为国家的藩国，尽心尽职。所以他的德业能使旁系子孙也沾受恩惠，未立功勋而受封为列侯的就有数人。从孝惠帝之初以至孝景帝之末，其间五十多年，追录高祖时遗漏未封的功臣，追随孝文帝从代国而来，继承大统的旧臣，孝景帝时在平定吴、楚等七国之乱的战事中功劳卓著的将相官员，身为皇室骨肉至亲的诸侯王子弟，前来投顺归化的外邦异族的首领等等，先后受封为列侯的有九十多人。现在我把他们受封的始末情况列表记载如下，这些都是当代富有仁义、成就功业的突出人物。

惠景间侯者年表

史记卷二十
建元以来侯者年表

扫描二维码
阅读本篇原文

太史公说：匈奴断绝和亲，攻击边境要塞；闽越凭借武力，擅自攻伐东瓯，致使东瓯请求内附，受汉朝保护。这两支外夷一起侵扰边境，正在我大汉最昌盛的时候，由此可知此时功臣受封之多可以与高祖开国时相比。为什么会这样呢？自从《诗经》《尚书》记载夏、商、周三代“抵御抗击北方的戎狄，讨伐惩罚南方的敌人”，齐桓公曾越过燕国攻打山戎，赵武灵王凭借小小的赵国使匈奴的单于降服，秦穆公依靠百里奚称霸西戎，吴、楚两国的国君以诸侯的身份而能役使南方的百越。何况以实现了大一统的如今，圣明的天子在位，兼有文武之才，志在平定四方，使国内亿万百姓都和睦相处，安居乐业，怎么会面对外夷的侵扰无动于衷，不发兵边疆进行讨伐呢？从此以后，我大汉就出兵北方，征讨凶悍的匈奴，又出兵南方，消灭强劲的南越，建立军功的将士们也都依次受封了。

建元以来侯者年表①

（以下为褚少孙补写的内容）

喜欢多事的后辈褚少孙说：太史公记事到孝武帝之世为止，所以我又撰记孝昭帝以后功臣封侯的情况，编于下方，目的在于使后世的好事者能从中看到功臣们功业成败，享国长短，侯位有的传世、有的绝封的必然之理，吸取教训，引以为戒。当世的君子，或者能不守常规而随机应变，或者能审察时世的变化而采取适宜的措施，或者能迎合世俗得到重用，从而建立功业，受封侯爵，拥有封地，难道不是十分兴旺吗？然而看他们用来保全功业的举动，又都不谦虚谨慎，全是骄傲自满，争权夺利，喜欢卖弄名声，只知前进，不知应该留有退路，终于都犯罪被杀，封国随之灭绝。依靠上述三种途径得到的侯位，在自己这一代就失掉了，不能把功业传给后代，使子孙们也能享受恩德，这难道不是十分可悲的吗？龙頟侯曾经担任前将军这一官职，他能够顺应世俗，行善积德，为人忠厚诚信，不干预政事，遇事退让，处处爱护他人。他的祖先本是春秋时晋国的六卿之一，自从拥有国土成为诸侯以来，子孙代代相传，从未断绝，经历了许多年岁和世代，直至如今，算起来已有一百多年了，这又哪里能与自身在世之时就失去爵位的功臣们同日而语呢？真是可悲啊，后世的人们要引以为戒啊！

建元以来侯者年表②

史记卷二十一
建元已来王子侯者年表

扫描二维码
阅读本篇原文

皇上下诏给御史大夫说："诸侯王中凡有愿意把自己的封地分给自己的儿子或者兄弟，让他们也封侯的，各自把名单上报，朕将亲自决定这些他们的封地和名号。"

太史公说：真是伟大啊，天子的圣德！一个人有了好事，天下都跟着沾光。

建元已来王子侯者年表

史记卷二十二
汉兴以来将相名臣年表

汉兴以来将相名臣年表